U0531776

BEATING BURNOUT AT WORK

WHY TEAMS HOLD THE SECRET TO WELL-BEING AND RESILIENCE

倦怠突围

打造积极进取的活力团队

[美]宝拉·戴维斯 —— 著
李小霞 —— 译

清华大学出版社
北京

北京市版权局著作权合同登记号 图字：01-2024-1881

BEATING BURNOUT AT WORK: WHY TEAMS HOLD THE SECRET TO WELL-BEING AND RESILIENCE ©2021 by Paula Davis
First published in the United States by Wharton School Press
The simplified Chinese translation rights arranged through Rightol Media（本书中文简体版权经由锐拓传媒取得）
此版本仅限中华人民共和国境内（不包括中国香港、澳门特别行政区和台湾地区）销售。未经出版者预先书面许可，不得以任何方式复制或抄袭本书的任何部分。

本书封面贴有清华大学出版社防伪标签，无标签者不得销售。
版权所有，侵权必究。举报：010-62782989，**beiqinquan@tup.tsinghua.edu.cn**。

图书在版编目（CIP）数据

倦怠突围：打造积极进取的活力团队 /（美）宝拉·戴维斯著；李小霞译.
北京：清华大学出版社，2025.4. -- ISBN 978-7-302-69049-8
Ⅰ. F272.9
中国国家版本馆 CIP 数据核字第 20256933NY 号

责任编辑：宋冬雪
封面设计：青牛文化
版式设计：张　姿
责任校对：王荣静
责任印制：刘海龙

出版发行：清华大学出版社
　　　　　网　　址：https://www.tup.com.cn，https://www.wqxuetang.com
　　　　　地　　址：北京清华大学学研大厦 A 座　邮　编：100084
　　　　　社 总 机：010-83470000　　　　　　　邮　购：010-62786544
　　　　　投稿与读者服务：010-62776969，c-service@tup.tsinghua.edu.cn
　　　　　质 量 反 馈：010-62772015，zhiliang@tup.tsinghua.edu.cn
印 装 者：北京同文印刷有限责任公司
经　　销：全国新华书店
开　　本：148mm×210mm　　印　张：5.25　　字　数：90 千字
版　　次：2025 年 6 月第 1 版　　　　　　　印　次：2025 年 6 月第 1 次印刷
定　　价：45.00 元

产品编号：100838-01

本书献给

我的祖父戴维斯及其好友雷

目录

引言 001

第一部分　理解问题 013

第一章　职业倦怠大流行：21世纪的工作与压力 015
在"VUCA的世界"工作意味着压力重重 016
什么是职业倦怠 019
造成职业倦怠的原因 022
职业倦怠的表现 025
克服职业倦怠对组织的好处 027
需要记住的要点 028

第二章　新的思维方式：从组织层面克服职业倦怠 029
这种思路为什么会成功 031
向美国陆军学到的方法 034
妙佑医疗国际和美国陆军做对了什么 036
需要记住的要点 040

第三章　团队的力量能帮助组织克服职业倦怠 041
什么是团队 042
团队必须积极进取，并具有复原力 044
PRIMED模型：获得复原力的6种途径 046
评估团队的复原力 048

需要记住的要点　　　　　　　　　　　　　　　　049

第二部分　助力团队成功的PRIMED模型　　051

第四章　心理安全和心理需求：团队成功的基础　　053
　　第一个基础：心理安全　　　　　　　　　　　　053
　　第二个基础：心理需求得到满足　　　　　　　　057
　　满足"基本心理需求"的职场文化是什么样的　　061
　　需要记住的要点　　　　　　　　　　　　　　　065

第五章　人际关系：建立联系的重要性　　067
　　增进联系的重要方法　　　　　　　　　　　　　069
　　需要记住的要点　　　　　　　　　　　　　　　078

第六章　意义与影响力：你为什么做这些事　　079
　　意义的重要性　　　　　　　　　　　　　　　　080
　　影响力的重要性　　　　　　　　　　　　　　　083
　　需要记住的要点　　　　　　　　　　　　　　　088

第七章　精神力量：心中的奶昔　　089
　　培养自信的心态　　　　　　　　　　　　　　　090
　　哪些因素会削弱你的精神力量　　　　　　　　　095
　　面向行动的思考　　　　　　　　　　　　　　　096
　　避免杯弓蛇影式思维　　　　　　　　　　　　　097
　　需要记住的要点　　　　　　　　　　　　　　　100

第八章　领导力与活力：应对压力　　101
　　践行领导力的5个关键做法　　　　　　　　　　102
　　解决领导角色和生产角色之间的冲突　　　　　　103
　　两种方法监控压力　　　　　　　　　　　　　　104

从小事做起 106

　　了解你的"冰山" 107

　　从职业倦怠中恢复 109

　　需要记住的要点 112

第九章　设计：如何实现积极的变革 113

　　找到并依靠现有的资源 115

　　欣赏式探询 117

　　像幼儿园的孩子一样思考（和行动） 121

　　需要记住的要点 125

尾注 127

结语 153

致谢 155

引言

"你为什么要离开律师事务所?""你怎么有勇气转行的?""这究竟是怎么回事?"人们总会问我这些问题,而我总是对他们报以微笑。在过去十年里,尽管一直在研究、教授并谈论有关职业倦怠、复原力[①]以及幸福感的话题,但我并没有打算以此为业。在我的律师生涯的最后一年,我终于熬不下去了。做出转行的决定对我而言顺理成章,因为我当时正处于崩溃的边缘。

我的职业倦怠开始于 2008 年。如果那时遇到我,你会看到一位成功的律师、业界翘楚,每个月可以搞定好几个价值数百万美元的、复杂的商业地产项目。你甚至可能会暗暗称赞:"她真是要风得风,要雨得雨呀。"然而,那只是表面的风光,光鲜之下的我身心俱疲。那是一种前所未有的、刻骨的疲惫。精神上的痛苦暂且不提,光是每天起床上班这件事都变得异常困难。有一天,我在外出遛狗的路上,短暂地闭上眼睛,感受温暖的阳光抚摸着我的脸。直到我的金毛犬赛迪用湿鼻子

---

① 此处采用了当前心理学和职场流行的叫法。——译者注

努着我的手，我才蓦地醒转，发现自己竟然牵着狗链，就那么站在路边睡着了。不上班的时候，我宁可窝在家里看无聊的电视真人秀节目，也不会去找朋友玩。在工作和生活中，每一件意料之外的事情，无论多么微不足道，都会让我如临大敌。一天，当我开车去父母家时，我妈妈打电话问我能不能顺路在杂货店停一下带点东西。对这样的小要求，我的反应却像刮起了15级飓风。这让她非常震惊。当我到家时，她拥抱了我，问我是否还好。我本来不是这样小题大做的人，这是一个危险的信号。

即使以律师的标准看，我那时也变得过于愤世嫉俗了。每天早上，我一上班就会一头扎进自己的办公室，暗暗希望离那天的压力越远越好。当客户向我咨询法律问题时，我表面上一脸专注，内心却在翻白眼："不是吧？这种事你自己都搞不定？""我们不是早就谈过了吗？""不会吧？这世上居然还需要再来一座小型购物中心？"作为一名商业房地产律师，我的工作就是帮助开发商解决法律问题，帮助他们建造小型购物中心——我必须力挺小型购物中心这个商业概念。这种冷漠疏离的心态对我来说很不寻常，可我只想一个人待着。

终于，我陷入了一种麻木的无力感当中。我从未怀疑过自己的能力，从没觉得自己成不了一名好律师；然而，我却开始觉得,"操这些心图什么呢?""谁在乎呢?"在与客户交谈时,我内心的声音是:"反正你也听不进去我的建议,我们为什么还要谈这个?"不仅如此,我再也看不清自己在法律行业的职业道路了。我曾在一家大型律师事务所工作,后来又去了一家公司的法务部门。我一直遵循前辈们的经验,按照这个行业的职业规划一步一步往前走。但显然,我走不下去了。

尽管我的职业倦怠问题很严重,但一开始并不是这样,中间经历了一个缓慢发展的过程。一开始,我经常上班迟到;不过,仅仅晚到十分钟并不会引起人们的注意。渐渐地,我不再和商业客户及同事们一起吃午饭、喝咖啡、聊天了。当职业倦怠发展到一定程度时,你会觉得自己好像被困在了一个盒子里。我试过好几种方法摆脱倦怠。我的老板史蒂夫很关心我,我也告诉了他我的感受。但我没有把问题和盘托出,只是说我想在法务部从事其他类型的项目。我的理由是:"在其他领域获得更多的专业知识对我的职业生涯有好处。"他同意让我少做一些房地产方面的事情,但高层领导不同意。我也认真考虑过要不要回到以前工作过的律师事务所去。只不过,我是因为在那家律师事务所遭遇性骚扰才离开的。若非如此,我可能真的会回去。

我并不想再换一家公司从头开始,于是决定自己创业。我的父母就是自己创业，他们的生意持续了15年。我从小就习惯了自己当老板的氛围，知道自己总有一天也会走上创业当老板的路，只是没想到这一天来得这么快。我决定开一家烘焙食品店，并准备去纽约市的一所糕点学校上课。我沉浸在对学校生活的幻想中，想象自己研发的美食配方最终获得食品和饮料行业的大奖——詹姆斯·比尔德奖（James Beard Award）。我甚至在旧金山的一家时髦餐厅里找到了份短期实习生的工作。这家餐厅离我哥哥的住处不远，我请了一星期假去那里工作。我对自己的未来规划胸有成竹，于是在去旧金山之前，向史蒂夫递交了辞呈。

你知道后来发生了什么吗？开始实习生工作之后仅仅几个小时，我就意识到自己犯了一个错误。在餐厅工作太辛苦了。不但工作时间长，还要整天站着，一遍一遍重复制作别人发明的甜点。这完全不是我想要的，和我之前的想象天差地别。不过，我还有一个更大的问题要解决：保住我的工作！那天一下班，我立刻给史蒂夫打了电话，解释了下情况。他非常理解我，很高兴我能回去上班，甚至没让任何人知道我交过辞呈。真希望每个人都有一个像史蒂夫那样体贴的老板。

虽然我很庆幸保住了工作，但一切又回到了原点。我的职业倦怠愈演愈烈，随之而来的是高度焦虑。我经常感到恐慌，每个星期有时每天都会惊恐发作。此外，巨大的压力导致我出现严重的胃痛，两次被送进急诊室。为此，我看过好几位医生。他们中没人提到过职业倦怠或询问我的工作情况，甚至没人问过我过得怎么样。以我当时的情况，只要有人问我这些问题，我肯定会大哭起来。这会暴露我一直苦苦保守的秘密，因为我不想被人看作一个无法应对挑战的软弱律师。

我的律师职业生涯结束于 2009 年 6 月 24 日。在那之前几个月，我偶然读到了一篇文章。那篇文章精准地描述了我的感受。此前，我完全不知道什么是职业倦怠，不知道它是如何开始的，更不知道它为什么会悄悄地降临到我身上。然而，从读到那篇文章的那一刻起，我立刻知道，这就是我要研究的方向。

我走出了自己的职业倦怠期，又采访他人的职业倦怠经历，指导我的客户，教授和培训成千上万的人，跟踪这个领域中不断发展和日益普及的研究成果。这不但让我清楚地知道什么是职业倦怠，更重要的是，让我知道如何预防它。

为了能帮助更多的人，我成立了"压力应对暨复原力提高研究所"（Stress & Resilience Institute），为各种公司提供实用策略，减少员工的职业倦怠，并协助公司建立一个更坚忍不拔、更积极进取、更吸引员工投入的工作场所。

职业倦怠成为"新常态"

工作场所向来充满了压力，而新冠疫情让这些压力变得更大。现代职场的节奏更快，工作本身也更加复杂。任何人都很难独自拥有足够的技能和专业知识来应对商业伙伴、患者（对医护人员而言）或者客户们想要解决的各种问题。此外，在疫情期间，家长们还要一边照顾在家上课的孩子一边居家办公。总的来说，人们不仅要面对和朋友以及家人的分离（还要担心他们的健康和福祉），无法庆祝里程碑式的成就，甚至连停下来喘口气的机会都没有。

职业倦怠已经成为人们谈论最多的一大职场话题，它的影响是深远的。全天候的工作节奏、流行病、种族平等运动、创纪录的失业率，再加上一场有争议的选举，这些因素交织在一起，形成一股前所未有的巨大压力，而且其中大部分好像都在你我的控制范围之外。

但是，你不必独自面对，有人可以帮助你。

最近，我刚完成一场如何克服职业倦怠的研讨会，并回答了与会者的提问。一位主管问我："但是，宝拉，我怎样才能让团队中处于职业倦怠状态的员工继续做好工作呢？"他显然没有领会我提出的重点。在新冠疫情之后的岁月里，员工们肯定会记得主管和团队疫情期间做的事。他们会记得在2020年，老板是如何对待他们的；会记得他们的团队领导是如何应对视频会议中突然哭闹的小孩的；会记得领导者是否允许员工采用灵活的工作时间来照顾生病的亲人；会记得当员工是单亲父母时，领导及团队有没有和他们沟通，调整他们的计费工时或其他生产指标。当员工们有机会去其他地方施展才华时，他们之前受到的对待方式将极大地影响他们的去留决定。

你之所以正在阅读这本书，或许是因为你正在经历职业倦怠，或许是因为作为领导者，你发现自己的员工产生了职业倦怠。我希望这本书能成为一份值得信赖的资源和指南，帮助那些忙碌的专业人士更好地理解什么是职业倦怠以及导致职业倦怠的原因，我也希望这本书能帮助企业培养出优秀的团队和领导者，能够以一种更具复原力的方式，积极地克服职业倦怠。

四个要点

从这本书中，读者们需要记住以下四个要点。

1. 职业倦怠是一件复杂的事情

克服职业倦怠需要从治标转向治本。[1]职业倦怠是一件复杂的事情。想自己解决问题的人一般会过度简化自己的职业倦怠问题，把解决方案集中在它的主要症状（疲惫不堪）上，选择一些针对个人层面问题的方法来修复它，比如瑜伽和冥想。你可以通过瑜伽和冥想来控制某些类型的压力，但你无法通过瑜伽或冥想来摆脱职业倦怠。为什么？因为引起职业倦怠的原因是瑜伽和冥想无法解决的。大多数方法解决的只是症状，而不是原因。

2. 要依靠系统性的方法解决职业倦怠

要克服职业倦怠，需要将个人层面上的策略和方法，转变为企业各个层面上的、系统性的、整体性的工具和框架。

3. 要依靠团队来解决职业倦怠

实施这些系统性的、整体性的工具和框架的最佳位置，存在于企业内部已经存在的次级组织中：员工的团队。为什么这么说？因为大多数工作都是团队合作完成的：83%的员工都表示，他们的大部分工作是在团队中完成的。[2] 团队中包括员工和领导，每个人在这个过程中都扮演着重要的角色。团队的复原力和活力会影响到团队成员的投入程度、创造力和创新性。[3]

4. 一些显而易见的小事可以带来大改变

尽管职业倦怠的成因很复杂，但个人、团队和领导者用来克服职业倦怠的工具和框架却并不复杂。它们中的大多数都是一些显而易见的小事（Tiny Noticeable Things，TNTs）。这些事尽管很容易做到，但需要反复练习，甚至在一些时候，它们需要你调整自己的领导方式、思维方式或者优先事项。但你的付出在克服职业倦怠方面会获得明显的回报。

如何阅读这本书

在本书接下来的九章中，我将介绍我在教授和指导员工、团队及领导者如何克服职业倦怠时，获得共鸣最多的策略和工具。我的目的不是让你使用所有这些工具，而是帮助你确定你的团队最需要的工具。我采用的都是科学的方法，因为我经常和医疗保健、法律、科技以及军事领域中的各种组织合作，这些组织中的职场大忙人们都希望得到有证据支持的方法。

请记住，对于克服职业倦怠，没有一种方法是放之四海而皆准的；因为每个团队的需求不同。我曾与诸如英特尔公司（Intel）这类大型知名科技公司合作过，也曾和美国国防部、美国陆军以及全球众多规模最大的律师事务所合作过。不同的团队、不同的组织、不同的行业对员工职业倦怠的解决方法也各不相同。

本书的第一部分帮助你理解什么是职业倦怠，以及如何解决它。其中，第一章解释了职业倦怠的基本概念，给出了职业倦怠的定义，并阐述了造成职业倦怠的原因，以及一些关键的预警信号。这一章描述了造成职业倦怠的原因，并列举了组织机构在早期做好克服职业倦怠准备的诸多好处。

第二章探讨了从整体上克服职业倦怠的重要性。这一章介绍了两个案例，一个来自妙佑医疗国际，另一个来自美国陆军。我用这两个案例说明组织机构如何从整体上成功地预防职业倦怠，并提升员工的复原力。第三章重点关注团队，这是在组织内实施各种工具和框架，克服职业倦怠的最佳的地方。团队应对压力的方法会影响员工的职业倦怠、幸福感和复原力。团队的目标是提高员工积极工作的能力，以及在面对挫折时的复原力。[4]团队会发展出一整套方法，它们由特定的工具和框架在特定的目标领域中提供支持。本章的其余部分将详细解释这些工具和框架。第三章引入了PRIMED模型，它是领导你的团队提升复原力的基础。

第二部分详细介绍了PRIMED模型。其中，第四章阐述了一个积极进取的、具有复原力的团队所需的基础，其中包括心理安全和心理需求。人们需要在工作中、团队中找到归属感，对自己的工作方式有发言权，并感到自己正在成长，正在变得越来越专业。第五章详细介绍了人际关系。高质量的人际关系是复原力、进取精神，以及幸福感的核心。本章讨论了孤独对个体的冲击，在远程工作的团队中如何保持员工间的联系，利用好消息的重要性，并提供了一个可以谈论工作压力，以及职业倦怠的框架。

第六章讲的是影响力：人们需要知道自己的工作在服务于更大目标时做出的贡献。本章讨论了工作的意义、20%规则、与最终用户的联系，以及如何建立一种鼓励支持型的领导力风格。第七章探讨了精神力量的重要性。从一个团队的效能（相信他们作为一个集体，能够克服挑战并完成艰难的目标）中可以看出这个团队的复原力、投入程度以及积极性。[5]这一章讨论了员工、领导者以及团队加强精神力量的各种方法。第八章探讨了活力的重要性以及对压力的感知。领导者可以通过5个关键做法来为团队减压，减少员工的职业倦怠，同时找到解决领导角色和生产角色之间冲突的办法。这一章还讨论了如何用小的胜利激励大家，以及识别"冰山"（或内心法则），也就是识别你的核心价值观和信念的方法。你的核心价值观和信念会影响你应对压力的能力，这一章的最后提出了从职业倦怠中恢复的方法。

最后，第九章探讨了积极进取的、具有复原力的团队如何创造持续改进的、积极变革的文化，以解决团队中必须解决的问题。创造持续改进的、积极变革的团队的 3 种方式包括欣赏式探询、找到工作中的关键资源，以及培养团队的设计思维。

第一部分

理解问题

第一章
职业倦怠大流行：21世纪的工作与压力

我们来看看凯瑟琳的故事。[1]几年前，我在收集职场人士的故事时采访过她。当时，我采访的这些职场人士不是正处于职业倦怠期，就是在职业生涯的某个阶段曾经历过职业倦怠。凯瑟琳就职于一家大型医疗机构，在同一个岗位上干了12年。和我采访过的大多数职场人士一样，她身兼数职，需要多头汇报。她谈到了在她的团队和整个组织内部都存在的沟通不畅以及各种需求相互冲突的问题。这些问题常常让她的工作举步维艰。她的角色最终变得更偏重管理：虽然还是要完成与所在岗位相关的本职工作，但她必须花更多的时间去关注战略运筹和人员培养的问题。

缺乏沟通，期望不明，既要高质量地完成自己的工作，又要带领团队前进。这样的压力让她不堪重负。在职业生涯早期，凯瑟琳总会迅速应对压力,她为此还颇感自豪。如今,哪怕是一点点压力都会让她心烦意乱。她说自己经常会不自觉地攥紧拳头、咬牙切齿,总是筋疲力尽、夜不能寐。凯瑟琳以为自己得了类风湿性关节炎,于是请家庭医生安排了一次检查,但检查的结果排除了患关节炎的可能性。

她的医生知道她在哪里供职,提示说她的这些症状与工作压力有关。凯瑟琳告诉我,刚听到这话时她觉得受到了冒犯,因为她认为自己完全"应付"得了生活抛来的一切困难。但下一刻,她却哭了起来。

像凯瑟琳这样被工作折磨得心力枯竭的故事并不罕见。我曾经采访过成千上万的人,并指导和教授他们如何防止这种情况。我写这一章的目的,就是邀请你走进职业倦怠的世界,并且学习如何预防和应对它。对职业倦怠的起因、它的3个维度和关键的预警信号了解得越多,你就能越早地做出判断,知道自己只是遇到了一些压力还是已经出现了更严重的问题。

在"VUCA的世界"工作意味着压力重重

VUCA是一个军事术语,指易变的(Volatile)、不确定的(Uncertain)、复杂的(Complex)和模棱两可的(Ambiguous)。在现代职场中,研究人员和专业人士开始用这个词来描述工作

第一章 职业倦怠大流行：21世纪的工作与压力

带来的压力。在工作中，一个团队会面临频繁的工作变更、不断增加的工作负荷、缩减的业务资源，以及越来越苛刻的客户。众多的组织机构，甚至整个行业，都在不断变化，不断受到政策法规、技术和竞争的冲击。

在组织机构方面，由于工作节奏不断加快，领导者要设法应对全球化和监管加剧的局面。2020年年初，新冠疫情席卷全球，给职场人士带来了新的未知压力。这些职场大忙人被迫以一种新的方式去平衡工作和生活。他们不得不一边居家工作，一边照顾在家上课的孩子。全天候"随时待命"的工作节奏，模糊了公私界限；而且，总是待在家里，几乎不可能和工作完全脱离。此外，争取种族平等的运动表明，那些在职场上没有受到平等对待的群体一直在试图融入那些对他们不理不睬的组织，这些人早已筋疲力尽。

因此，职业倦怠的比例如此之高并不奇怪。最近的研究显示，职业倦怠的问题十分普遍（以下为新冠疫情之前的统计数据）：

- 多达50%的医务工作者正在经历职业倦怠。[2]
- 96%的企业高管表示，自己感到某种程度的职业倦怠，其中1/3的人感到极度倦怠。[3]
- 一款面向科技领域专业人士的职场应用软件列出了一个

关于职业倦怠的问题："你是否正在遭遇职业倦怠？"超过57%的受访者回答"是"。[4]

- 在一项针对教师的调查中，87%的受访者表示，由于职业的要求，他们的工作至少有时会干扰到自己的家庭生活。超过一半的人表示缺乏足够的自主权来有效地完成工作。只有14%的人认为自己得到了教务主管部门的尊重。这两个因素都会导致职业倦怠。[5]

- 在金融领域，年龄在25～44岁之间的金融从业者中，有60%～65%的人表示自己有一定程度的职业倦怠。[6]

- 美国空军中的特殊受害者辩护律师报告说，美国空军的职业倦怠率达到50%。[7]

- 在一项衡量律师职业倦怠率的实证研究中，有超过1/3的律师在职业倦怠指标上的得分高于75分（百分制）。[8]

长期的压力会导致错误率更高、安全问题频出、注意力不集中、缺乏专注力、工作丢三落四等问题。对于许多专业人士来说，这些都是大问题。在需要精确性的行业中，错误率和安全问题会造成非常严重的后果。[9]

产生职业倦怠的医生发生与患者相关的安全事故的可能性是普通医生的两倍，患者满意度降低的可能性是普通医生的两倍（仅职业倦怠导致的玩世不恭这一项，就会使患者满意度降低的可能性增加4倍多），表现出低专业水准（例如，低质量的医患沟通和对患者缺乏同理心）的可能性是普通医生的2倍。[10]在另一项研究中，外科医生的精力耗竭指数和玩世不恭指数每增加1%，在过去3个月里发生医疗事故的可能性就会增加5%～11%。[11]这项研究强调了一个事实：职业倦怠比例的微小变化，都会极大地影响他人的健康和安全。

一家承保法律过失的保险公司报告称，因律师犯错而产生的索赔比例从2012年的15%左右跃升至2017年的63%。[12]因此，这家保险公司的索赔律师咨询了他们的法律顾问，试图弄清这一增长背后的根本原因。他们最常得到的回应包括：工作节奏的加快，全天候"随时待命"的工作状态，实践领域中的复杂性和专业性的提高，以及职业辅导和个人沟通的减少。

什么是职业倦怠

世界卫生组织（The World Health Organization，WHO）更新了其对职业倦怠（英文为Burnout）的定义，将其描述为"由于长期的工作压力没有得到有效管理而产生的一种综合征。它具有3个维度的特征：

（1）感觉精力耗竭。

（2）与工作产生距离感，对工作的消极情绪或玩世不恭的

019

心态越来越强烈。

（3）职业效能降低。"职业倦怠"一词特指与工作环境有关的现象，不适用于描述其他生活情况。"[13]最后一句话很重要。"Burnout"一词在英文里通常与"Stress"（压力）一词互用，用来描述各种情况下的压力源。但就我们的目的而言，我们用"Burnout"一词专门表示与职场相关的问题。

世界卫生组织对职业倦怠的定义包含了3个维度，也可以说是3种症状特征，正确区分它们十分重要。职业倦怠并不仅仅指你在做一个大型项目或在工作繁忙的时期（比如作为会计在报税期间）感到的疲倦。职业倦怠的3个维度是长期性的，是在一段时间内经常、反复地发生的事情：[14]

· 精力耗竭（Exhaustion）：当你身心俱疲时就会出现这种情况。最终，长期的疲劳会导致人们在情感和认知上与工作脱节或疏离，这可能是应对超负荷工作的一种方式。

· 玩世不恭（Cynicism）：每个人，从同事到客户再到患者，都开始让你感到厌烦。你主动忽略他们的个性，让自己在情感上远离他们。这样做的结果就是你不再有那么多的同理心。

· 效能降低（Inefficacy）：这是一种心理状态；当你在努力寻找重要的资源时，当你在工作中越来越难以获得成就感和影响力的时候，心里总是觉得："那又怎样？谁在乎呢？"

职业倦怠的这 3 种症状是可以评估测量的，我对团队的指导工作经常从这里开始。马斯拉奇职业倦怠调查普适量表（Maslach Burnout Inventory-General Survey）是职业倦怠测量工具中的黄金标准，可以评估这 3 种症状。[15]了解团队成员以及作为一个整体的团队如何受到职业倦怠的影响，对我而言非常重要。以下是我在一家儿童医院对一支由 19 人组成的眼科医疗团队进行职业倦怠评估后的结果：其中 9 名团队成员在精力耗竭维度的得分较高，8 名团队成员在玩世不恭维度的得分较高。在这两个维度中，该团队得到了迄今为止我见过的最高分；部分团队成员的得分堪称"完美"。在这种情况下，"完美"并不是件好事；这意味着他们在被问及多久会感到精力耗竭和玩世不恭的问题时，给出的答案都是"每天"（这会得到最高分——6 分）。有趣的是，有 8 名团队成员在精力耗竭维度的得分较低，9 名团队成员在玩世不恭维度的得分较低。其余团队成员的得分则处于中间位置。这真的是一支在职业倦怠问题上要么全有、要么全无的团队。唯一能让这支团队免于灾难性后果的地方是，团队在职业效能方面的超高得分。16 名团队成员在职业效能维度的得分很高，这意味着他们知道自己的使命，都知道自己擅长本职工作，能够有效地解决问题，而且都知道自己对整个组织做出了积极的贡献。长时间的超负荷工作、组织内部的政治斗争，以及官僚主义的繁文缛节正在摧毁他们工作积极性。

造成职业倦怠的原因

职业倦怠是因为工作要求和工作资源的不平衡造成的。当对一个人的工作要求超过了他可获取的工作资源时，就很容易产生职业倦怠。[16]工作要求（Job demands）指的是你在工作中需要持续努力，不断投入精力的方面；工作资源（Job resources）是你在工作中获得动力和能量，刺激个人成长、学习和进步的方面。[17]表1.1列出了一些会造成职业倦怠的工作要求，以及可以提升幸福感的工作资源的例子。[18]

表1.1 工作要求和工作资源

工作要求（6个核心要求）	工作资源
缺乏自主权	和同事保持良好的关系；可以从社会关系中获得各种支持
工作量大，工作压力大，尤其是缺乏人手	决策权；参与决策
缺乏领导和/或同事的支持	反馈
不公平（缺乏透明度，决策武断，偏袒）	自主权以及对工作的控制
价值观脱节	发展的机会

续表

工作要求（6个核心要求）	工作资源
缺乏认可	领导的支持
	认可
	从事有意义的工作；从事有影响力的工作
	明确的角色

在表 1.1 列出的工作资源中，有 4 种工作资源——自主权以及对工作的控制、发展的机会、明确的角色和参与决策——是创造充满幸福感的健康工作场所的核心资源。[19]组织如果没有充分重视这 4 种工作资源，可能无法有效地提高员工的幸福感。工作资源不仅可以帮助员工实现工作目标，在工作中学习和成长，还可以满足员工的心理需求，这是一个积极进取的、具有复原力的团队的基础（第四章将会更详细地讨论这一点）。事实证明，通过分析工作资源，可以预测员工对工作的投入程度、对组织机构的忠诚度以及离职的意愿。[20]

除了表 1.1 中列出的工作要求外，其他的工作要求还包括与客户和同事进行情感交流，时间压力和侵占个人时间，以及项目的方向不明和角色的职责不清。在 6 项核心工作要求中，有 3 项（工作量大、缺乏对工作内容或工作环境的自主权或控制权、工作中缺乏同事/领导的支持）位列工作场所中影响人类健康和寿命的十大最突出的致病因素。[21]此外，这些工作场所的压力源对健康造成的伤害（也就是身体和心理的亚健康状态，以及员工的发病率和死亡率）还与二手烟造成的伤害相似。[22]

很重要的一点是，上面列出的许多工作要求是可以通过评估测量出来的，尤其是6项核心工作要求，可以通过职场生活调查（Areas of Worklife Survey，AWS）进行评估。[23]一旦知道了造成团队职业倦怠的具体原因，我就可以制定出有针对性的方案，并与领导层进行对话，解决这些问题。例如，我曾经对一家医疗设备公司营销团队中的高级员工进行过职场生活调查。结果显示，工作量大和缺乏认可是导致职业倦怠的两个主要原因。与一些团队成员的进一步沟通表明，他们所谓的缺乏认可具体表现为，在重大会议上没有"参与的机会"，或者没有一个他们认为与自己在组织中的工作相称的头衔。这些都是高层领导可以解决的问题。工作量的问题比较难解决，但这些问题可以而且也应该得到解决。

你应该会留意到职业倦怠和工作投入之间的关系。尽管那些提高员工投入程度的工具和框架有很多好处，但最近的研究表明，对工作的投入可能会和职业倦怠同时出现。[24]在一项研究中，由于努力工作而产生职业倦怠的员工的离职意愿最高，

第一章　职业倦怠大流行：21世纪的工作与压力

甚至高于那些职业倦怠程度最高的员工。对于这一群体（占研究参与者总数的近20%）而言，努力工作并不是一件让自己纯粹受益的事情。对于这群由于努力工作而产生职业倦怠的员工来说，他们对自己的工作有着复杂的感情。他们热爱自己的工作，同时也承受着很大的压力，这一点通常是因为没有获得足够的工作资源造成的。前面提到的那个营销团队在敬业程度方面的得分位列他们公司的前列，但在这个团队中，有近一半人已经产生了职业倦怠（精力耗竭和玩世不恭维度的得分都很高）。

本书不可能罗列所有额外的、和行业相关的工作要求。例如，医疗保健行业的一大工作要求就是记录电子病例；对于律师来说，就是要跟踪计费工时数。想一想，你所在的行业有什么特殊的工作要求？

职业倦怠的表现

职业倦怠是职场上长期感到压力的一种表现形式，但我更愿意把它看作一个入口，因为它为心理健康问题（比如抑郁、焦虑、恐慌症）及其他身体上、精神上、情感上和行为上的问题打开了大门。

根据我的个人经验和从业经历，职业倦怠越严重，持续时

025

间越长，人们就越有可能出现严重的身体、心理和行为问题。我经历过焦虑症，但没经历过抑郁症。有些人情况正好相反。还有些人什么都没经历过。

以下是职业倦怠的一些预警信号：[25]

- **身体上的**：经常头痛，比平时更容易生病，长期疲劳，胃和消化系统出问题，烦躁不安，失眠，心悸，胸痛，心血管疾病，对疼痛的感知出现变化。

- **心理上的**：经常陷入恐慌，愤怒、沮丧和易怒的情绪增加，感到绝望、无助和悲观，对以前喜欢的活动失去兴趣，抑郁，焦虑。

- **行为上的**：工作效率下降，缺勤率上升，形单影只——只想一个人吃午饭或一个人待着，上班时间比平时晚，变成了一个糟糕的团队成员，情绪不稳定，易怒，对工作不满，上瘾性行为增加。

大多数的预警信号都不是一夜之间出现的。我并没有突然间发生恐慌发作，也没有突然间胃痛。这些信号持续了好几个月。如果能早点意识到这些预警信号，你就能阻止职业倦怠的加速发展。

领导者也需要了解职业倦怠，了解它的成因和症状。[26]领导者如果轻视这一问题，或者认为它只是一般的工作压力，都可能会在无意间加剧员工的职业倦怠。对员工说"周五休息一天"或者"休个假就好了",并不会减轻他们的职业倦怠。研究表明,在休假期间和假期结束后,职业倦怠的程度确实会有所缓和,但在几周内又会恢复到之前的水平。[27]我的一位客户在新冠疫情发生初期被"居家隔离",她其实非常享受这段时期。她当时正在从一场相当严重的职业倦怠中恢复过来,能够待在家里而不去上班对她的恢复很有好处。

克服职业倦怠对组织的好处

职业倦怠也会影响组织机构的健康运行。职业倦怠和以下情况密切相关:

- 错误率[28]
- 离职率[29]
- 缺勤率[30]
- 工作效率降低[31]
- 质量、安全和客户的满意度[32]

这个清单上的每一项对组织机构的底线造成的影响,都可以进行量化。一项针对医疗行业的研究发现,在某个时期经历过职业倦怠的医生在两年后离职的比例比没有经历过职业倦怠的医生高168%。那些表示过想要离职的人,两年后离职的可能性是其他人的 3 倍。[33]

你可以简单计算一下：离职成本等于你的员工数量乘以你的组织机构或行业内的人员流失率，再乘以招聘新人的费用（通常是这个人工资的 1.5 到 2 倍）。

如果本书中的技能、工具和框架能够帮助你的组织机构降低一点员工职业倦怠的比例，那么就能帮你节省数百万美元。

需要记住的要点

1. 职业倦怠是职场上长期遭受压力的一种表现形式。
2. 职业倦怠的 3 个主要症状是长期的精力耗竭、玩世不恭和效能降低。
3. 职业倦怠是由于工作要求和工作资源的不平衡造成的。
4. 领导者们需要了解职业倦怠，这样他们就不会轻视它，也不会在不经意间让它恶化。
5. 职业倦怠也会伤害组织机构，影响组织机构在财务和业务上的健康运行。

第二章
新的思维方式：从组织层面克服职业倦怠

对你所在的组织机构而言，从整体上克服职业倦怠可能是一种新的思维方式。幸运的是，你可以学习妙佑医疗国际（Mayo Clinic）[1]和美国陆军这两个案例。这两个组织分别采用了不同的方法来克服职业倦怠、提升员工的复原力并增加工作中的幸福感。

妙佑医疗国际位于明尼苏达州的罗切斯特市，是美国的一家医疗学术中心。妙佑医疗国际拥有 4000 多名医生和科技人员，员工总数超过 6.1 万人。在所有主要的医疗服务指标中，该机构的得分均名列前茅，是美国员工流失率最低的医疗机构之一。[1]

---

① 也译作"梅奥诊所医学中心"或"梅约诊所"，该机构在 2020 年正式官宣中文名为"妙佑医疗国际"。——译者注

在开展了针对医生的职业倦怠的定量研究之后，妙佑医疗国际实施了一系列的改革措施。在其后的两年里，尽管全美范围内医生的职业倦怠率上升了11%，但妙佑医疗国际的医生职业倦怠率反而下降了7%。[2]重要的是，这样的下降是在"在同一时间内，必须实施其他提高效率、降低成本、加大生产力的改革措施"的情况下取得的。[3]

妙佑医疗国际在减少职业倦怠方面取得成功的关键，在于它的"倾听—行动—发展"模式。这是一种以科学研究为基础的综合性战略，旨在解决造成职业倦怠的制度性原因，提升复原力，并支持医生的领导力发展计划。[4]该模型的目标如下：[5]

- 优先考虑员工的心理需求，比如对自主权、社会关系和卓越业绩的追求（这是第四章中要详细讨论的预防职业倦怠的重要基础）；
- 促进团队合作；
- 从组织层面和团队层面分别找出产生职业倦怠的驱动因素；
- 改进系统和流程；
- 支持医生成为领导者，并维护医生和组织机构之间的良好关系。

表2.1列出了妙佑医疗国际一直在实施的"倾听—行动—发

展"模式的要点。

表 2.1 实践"倾听—行动—发展"模式

倾听	行动	发展
从组织层面和团队层面分别找到并理解职业倦怠的驱动因素。	授权医生采取行动,解决已经发现的职业倦怠的驱动因素。	选拔并培养医生成为领导者。
建立专题小组,讨论职业倦怠的主要驱动因素。	为医生提供各种工具和足够的资金来实现这一目标。	通过培训、指导、评估以及延伸业务安排来支持医生的领导力培养。
制订一套可行的计划,缓解最令人担忧的驱动因素。	跟踪并监测进展情况;必要时完善流程和程序。	向一线领导者提供反馈和资源,帮助他们不断进步。

这种思路为什么会成功

组织机构中的政策、决策、规章制度,以及一级一级传递下来的命令,都会对团队、领导者和一线员工产生压力。员工的行为又会对客户、顾客和患者的结果产生影响,进而影响公司的政策,反之亦然。而这种情况在每个行业具体情况都不一样。

政治、社会和经济问题会增加你的压力,重新塑造你的工作环境。[6] 新冠疫情几乎颠覆了所有行业的方方面面,并将重塑人们未来的工作方式。尽管研究指出,组织机构的管理问题、领导力问题，以及糟糕的职位设计是造成职业倦怠的主要原因，[7]但克服职业倦怠的大多数工具都是针对个人层面的。一项研究发现，对于员工的职业倦怠，从组织机构层面上进行干预，是最有效的。这些结合了调整组织结构、促进团队沟通、培养团队合作并增强员工的工作控制权（自主权）的方案，能最大限度地减少职业倦怠。[8]另一项研究综合了25项独立研究的成果后发现，结合了个人层面和组织机构层面的方案，在克服职业倦怠、提升心理健康方面最为有效。而且，这些方案的效果比单独的、针对个人层面上的方案更为持久。[9]最近的一项研究系统分析了多个缓解职业倦怠的干预措施，并得出了同样的结论：当个人层面上的方案和组织机构层面上的方案相结合时，在缓解压力和克服职业倦怠方面显示出了令人鼓舞的结果。[10]

针对个人层面的方案还有一个更大的问题，就是它很容易成为一次性的走过场行为。许多机构在开发并推出这种类型的措施后，就甩手不管了，不会对它进行后续的支持。真正想提升员工健康和福祉的机构有如下特点：

- 组织机构的领导者们共同承担责任，把员工的健康和福祉放在优先考虑的位置上；
- 跟踪并监测组织机构层面上的干预措施的实施效果；
- 倡导"设计思维"（design-thinking），重新设计破碎的系

第二章 新的思维方式：从组织层面克服职业倦怠

统和文化；

- 将员工的健康和福祉视为一种战略投资；
- 将员工的健康和福祉与企业的利益明确地关联在一起；
- 在运营决策中考虑员工的幸福感。[11]

我目睹了这个过程在法律界停滞不前的现象始末。研究显示，自20世纪80年代末以来，律师的心理健康状况一直不佳，但直到最近几年，人们才开始想到要解决这个问题。法律界一直在投入时间和金钱，提升员工的心理健康程度和幸福感。美国律师协会（American Bar Association）和许多律师事务所都推出了健康周、按摩椅疗法、冥想、瑜伽训练以及其他针对个人层面的方案。然而，在一项针对美国律师的心理健康和药物滥用的最新调查中，当人们要求受访者指出工作中对自己的心理健康和幸福感产生负面影响的因素时，最常被提及的因素包括：总要随时待命、无法摆脱工作、缺乏睡眠、客户需求太多以及计费工时带来的压力。[12]此外，当被问及他们的工作环境是否导致了心理健康问题时，73%的受访者给出了肯定的回答。[13]你能看出这种反差吗？在我指导的客户中，当提及压力和职业倦怠时，他们描述的工作要求也都是这样的。法律机构（以及其他组织机构）必须推动大幅度的改变，在组织机构层面进行更深层次的对话。新冠疫情及其对职场的影响可能会迫使这些组织机构开展这一对话，否则，这些机构将会不断流失宝贵的人才。

向美国陆军学到的方法

最初创业时，我想成为一名行业领先者。我想站在业界的前沿，创造出全新的、不同的东西。幸运的是，我曾有机会帮助两个行业实施变革。我接触到的第一个行业就是军队。我从没想过自己能有机会与教官、士兵们一起工作。军人和家庭综合健康项目（Comprehensive Soldier and Family Fitness，CSF2）刚创建时，我还是律师。当它开始实施时，我正在宾夕法尼亚大学研究积极心理学。在我们第一周的课程中，著名心理学家马丁·塞利格曼博士（Martin Seligman）谈到了这个项目，使我深受启发。

随着学习的深入，我对复原力科学产生了浓厚的兴趣。宾夕法尼亚大学的复原力项目（Penn Resilience Program）是受到研究最多的复原力项目之一。在进行过一些调整后，该项目已经被传授给军事和医疗领域内的专业人员、急救人员、运动员（大学生运动员和专业运动员）和教育工作者。我在这些行业及在法律行业的推广中，做了一些工作。[14]我于2010年8月毕业，并受邀申请加入宾夕法尼亚州的军人和家庭综合健康项

第二章 新的思维方式：从组织层面克服职业倦怠

目团队，向士兵和他们的家人传授复原力的技能，训练他们如何使用这些技能。2010年10月，我参加了第四届复原力训练师（Master Resilience Trainer，MRT）培训营。尽管做了这么多努力，但我并不能保证加入这个团队；在课程结束时，我必须上交所有的学习材料和工作手册。他们告诉我，如果我"通过"了，就会联系我，我能做的只有等待。终于，我等到了好消息：2011年1月我将开始第一次培训课程。

军人和家庭综合健康项目是一套综合性的、充满前瞻性的方法，旨在提升军人、军人家属，以及美国陆军中的文职人员的复原力和幸福感。小乔治·威廉·凯西将军（George W. Casey Jr.）的愿景是，"随着时间的推移，军人和家庭综合健康项目将成为我们文化中的一部分，我们的士兵将像专业运动员那样理解心理健康中的积极层面"。[15] 在我从事该项目期间，军人和家庭综合健康项目由4个部分组成：

- "全局评估工具"（Global Assessment Tool，GAT），这是一个针对所有士兵的在线评估工具，用于确定复原力的强度和需要改进的地方；
- 根据"全局评估工具"的评估结果定制的在线自助模块；
- 通过复原力训练师课程，向军官和士官传授复原力的工

具和技能,并培训他们成为训练师;

· 在美国陆军的每一所领导者培训学校中,强制性进行复原力训练。

培训军官和士官成为训练师,至关重要。凯西将军不仅想训练这些士兵,而且希望他们在回到自己的部队后,还能向其他士兵传授同样的技能。在接下来的几个月里,塞利格曼博士、朗达·科纳姆准将(Rhonda Cornum)、凯伦·赖维奇博士(Karen Reivich)和其他同事一起开发出了美国陆军的复原力训练师课程。从2008年的一次会议开始,宾夕法尼亚州的军人和家庭综合健康项目团队已经培训了近4万名复原力训练师。[16]

作为美国陆军的基础训练和领导力发展项目的强制性组成部分,复原力训练师课程会对小组成员进行复原力训练。随着军人和家庭综合健康项目的不断发展,它现在属于美国陆军的准备就绪暨复原力计划(US Army's Ready and Resilient Campaign)的一部分。这是一项综合性计划,将复原力训练整合进了美国陆军的各个项目和评估当中。[17]

妙佑医疗国际和美国陆军做对了什么

采用系统性的方法解决职业倦怠并建立复原力需要时间,

第二章 新的思维方式：从组织层面克服职业倦怠

但从美国陆军和妙佑医疗国际的例子中，我们可以看到他们在各自的组织中都采取了诸多具体行动，使他们成功地达到了各自的目标。以下是美国陆军和妙佑医疗国际做出的正确举措。

承认问题，评估问题

美国陆军和妙佑医疗国际都愿意去查看数据，承认存在亟待解决的问题。由于持续多年的军事部署，士兵们的心理健康状况普遍不佳。而医疗行业的专业人员，特别是医生，职业倦怠率也稳步上升。许多机构出于多种原因拒绝评估这些问题。有些是不想知道问题的严重程度，有些则是担心自己没有能力解决发现的问题。

不管做不做评估，你的组织中都存在职业倦怠。与其他健康问题一样，早发现早解决是最好的办法。

充分利用领导力

在我前面介绍的两个组织中，最高层的领导很早就参与了进来。我本来以为，只要美国陆军参谋长希望某件事发生，某件事就会发生，但我错了。

凯西将军和他的领导团队做出了大量的努力，向各级军官通报这一计划，并支持这一计划的研究工作，还认真阐述这一计划的组成部分和它带来的好处。2014年，美国陆军总军士长雷蒙德·F. 钱德勒三世（Raymond F. Chandler III）、美国陆军参谋长雷蒙德·T. 奥迪尔诺（Raymond T. Odierno），以及美国陆军部长约翰·M. 麦克休（John M. McHugh）联合签署了一份被称为"三签名"的命令，该命令由美国陆军最高级别的军官签署，呼吁所有美国陆军军官将复原力训练作为优先事项加以执行。最终，官方制定了执行细节，并由复原力训练师项目的初级讲师传达给自己所在部队的军官们。美国陆军的领导者们很有策略地把这个项目推广给了他们的同事。这些人可以接着影响其他人接受这个变化，而不是抵制它或者敷衍了事地完成它。[18]

妙佑医疗国际则进一步评估了领导层的哪些行为会影响职业倦怠率。细微的改变会带来巨大的效果。妙佑医疗国际发现，领导者的综合领导能力每提高一个百分点，其下属的职业倦怠率就会下降3.3%，职业满意度就会上升9.0%。[19]

充分利用科学和故事

科学和故事是击败怀疑论的两个最好的方法。妙佑医疗国际的"倾听—行动—发展"模式就是依据组织心理学、社会科学和积极组织心理学开发出来的。[20]

凯西将军之所以找到宾夕法尼亚大学的塞利格曼博士和他

第二章　新的思维方式：从组织层面克服职业倦怠

的团队，是因为宾夕法尼亚大学是仅有的开展过这种大规模培训，并在该领域发表过大量经过同行评议的文章的研究机构。此外，它也是唯一一家在培训复原力讲师方面拥有丰富经验的组织。培训讲师这种模式也经过了科学验证。[21]

从整体出发的实施方法能够激励并改变整个组织，改变在组织中工作的员工。而在这一过程中发生的故事会使这种改变变得更加生动，使理念变得更加牢固。我原本以为自己最不可能从美国陆军教官那里听到关于脆弱的故事。但如今，我可以谈谈我自己与他们一起工作时发生的转变。我曾经是一个从不谈论自己的失败或遇到的挑战的人。这么做太冒险了，尤其当我还是律师的时候更是如此。但这些士兵让我明白，谈论自己遇到的障碍并不代表软弱，反而是体现勇敢和激励他人的表现。这里有两个例子。

其中一个是一名安静的士兵。在一次分组讨论中，他突然举起来手来说："我是个混蛋！"这让在场的人都大吃一惊，大家自然要请他解释一下。"我结过3次婚，但都过得不好。我现在才意识到，我才是最有问题的那个人！"虽然他的话引来了一些笑声，但我们都尊重这个深刻的自我意识觉醒的时刻。

另一名士兵讲述了2001年9月11日恐怖袭击期间自己在五角大楼的经历。他讲述了在接下来的几周和几个月里他感受到的强烈的情绪冲击，以至于他最后竟然试图结束自己的生命。幸亏一位亲戚在他的车里发现并救下了他。他泪流满面地说："如果早点掌握这些技能，我至少可以有办法缓解这些焦虑和负面情绪，这样我就有机会得到帮助了。"

这两个案例表明，可以通过不同的方法从整体上实施变革，减少职业倦怠，提高复原力和工作中的幸福感。然而，对于许多组织来说，很难找到实施这些措施的最佳地点（因此他们倾向于推动个人层面上的方法）。下一章解释了为什么在职场中，团队是特别适合实施这些措施的地方。

需要记住的要点

1. 职业倦怠是系统性的问题，需要从组织机构的整体层面加以解决。这意味着组织机构需要了解团队、领导者，以及一线员工面临的压力，并共同解决它。

2. 面对职业倦怠的问题，组织机构没有必要从头开始研究。可以学习妙佑医疗国际和美国陆军的例子，并将其融入自己的方案中。

3. 组织机构需要承认问题、评估问题，充分利用领导力，使用经过科学验证的方法，并通过讲故事的方式达到激励和鼓励员工的目的。

3

第三章
团队的力量能帮助组织克服职业倦怠

团队是组织机构中强大的实体。然而，对于克服职业倦怠，团队却没有充分发挥作用。

如今的工作越来越复杂，工作环境的变化越来越快。因此，职场人士需要和团队一起工作，才能有效地解决问题。研究表明，个人和团队一起工作时更容易取得成功。[1]此外，新冠疫情很可能已经永久地改变了人们的工作模式。我们可以十分现实地预测，面对面地工作与远程协同工作的混合模式将成为常态，团队合作将变得更加重要。

当我和谷歌公司全球安全与复原力服务部的战略方案总监阿莉莎·布伦南（Alyssa Brennan）交谈时，她向我解释说，我们的商业环境是旧的系统和旧的工作方式的产物。[2]她说："我们建立了一个没有领土限制的、无边界的空间，称之为'云'，这让我们不再依赖国家的物理边界。只有团队合作才能适应这种程度的全球化。"她还解释说，她领导的团队从事高风险的安全事务，团队成员必须相互依赖，才能应对全球范围内的复杂挑战。

什么是团队

我最喜欢的"团队"定义是：两个或更多的人一起工作，完成共同的目标。真正的团队成员是彼此高度依赖的：他们制订计划，解决问题，审核进度，所有这些都是为了完成一个共同的目标。英语中的"Team"（团队）一词可能会让许多专业人士感到困惑，因为这个词不光是名词，更多时候还是一个动词。这个词的意思是与其他几个人一起工作，在几周或几个月内完成一个项目。当项目完成后，这个团队就会解散，然后形成新的团队，和不同的人合作完成不同的任务。因此，许多专业人士在一年之内可能是多个团队的成员。

团队合作需要不断练习。即使只合作几天或几周，你也需要积极地创造环境，建立具体的目标，明确各自的责任，谈论彼此的工作风格和强项（这是领导者和直接下属之间的双向交流）。[3] 建立一个有效合作的团队并不需要花太多的时间。在项目开始时花 20～30 分钟来澄清一些事情，会在项目的进行中节省更多的时间，因为这么做建立了一个透明的、清晰的、规范的工作环境。这在医疗行业的团队中表现得很明显。在每次换班时，医疗人员都可能成为新的医疗团队中的一分子，团队碰头会议（团队成员聚在一起，快速交换并更新重要信息的时刻）有助于促进团队间的日常合作。[4]

重要的是，充分合作的团队会创造出一个强大的学习环境，团队成员可以互相请教，分享信息，寻求帮助，讨论错误，并获得反馈。[5]此外，研究表明，团队应对工作压力的方式会影响团队成员的职业倦怠率、幸福感和复原力：[6]

·高质量的团队合作会提升员工的幸福感和复原力。[7]

·在一个合作紧密、文化强大的团队中工作，会缓解员工的疲劳；强大的团队文化会让员工的工作更轻松。[8]

·个体对自己工作的控制程度，以及感知到的团队效率，可以减轻其在工作中的主要压力。[9]

·通过了解团队成员的工作要求，可以有效预测其情绪衰竭和职业倦怠的情况。[10]

·在军事团队中，超负荷的工作降低了人员的凝聚力，并导致个人和团队的表现欠佳。[11]

·团队合作的水平和质量可以部分解释工作要求和职业倦怠之间的关系。[12]

- 有效的领导力、团队的行为和工作满意度这三者之间存在很强的联系。[13]
- 进行以团队为基础的培训，侧重建立高质量的人际关系，增加社会支持，提高反馈和沟通的优先级，并及时发现和解决工作资源方面的问题，可以大大降低员工的精力耗竭及玩世不恭的程度。这是职业倦怠中的两个主要维度。研究显示，即使在培训后的6个月内，员工的精力耗竭程度仍然较低。[14]

团队必须积极进取，并具有复原力

在职场中，团队是克服职业倦怠的关键。因此，团队需要拥有特定的技能、工具和框架来克服职业倦怠。团队需要创造出一种文化，防止繁重的工作要求造成职业倦怠，并能够根据优先事项、工作压力，以及工作中遇到的挫折迅速做出调整，加以适应。团队必须在不断学习、成长和保持动力的同时做到这一点。团队必须积极进取，并具有复原力。

职业倦怠是工作压力的一种表现形式。研究表明，复原力可以帮助人们更好地应对压力、逆境和挑战，并获得成长。[15]复原力实际上是一组技能，是激活个体应对压力和变化的能力，并帮助个体在挑战中茁壮成长。[16]更令人鼓舞的是，大量研究证明了团队层面复原力的重要性；团队完全可以像个体一样培养自己的复原力。具有复原力的团队能够预见挑战，了解团队成员彼此的能力，在碰到困难时不断向团队成员更新状态，并知道何时从团队外部寻求帮助。团队成员定期汇报，并表达对彼此的欣赏。[17]尽管在克服职业倦怠方面，复原力是基础，但积极进取的精神也是很重要的一个方面。

积极进取的精神是一个更大范围的框架，简单来讲，它其实是指在工作中体现出来的活力、学习态度和成长。[18]人们在团队层面和个人层面上都对进取精神做过研究。[19]积极进取的团队同样具有复原力：团队成员会共同面对艰难的处境，将其视为挑战和机遇，并从挑战中获得动力。积极进取的团队有能力以一种积极、快速的方式应对变化。[20]此外，"积极进取的团队中的成员，都是那些善于分析问题的、有内在动力的、以学习为导向的、具有复原力的人。他们拥有各种各样的技能，但仍然能够'彼此配合'，形成一支有凝聚力的团队。他们从制定愿景和战略、充当教练或导师的领导者那里得到支持，并从组织机构中获得完成工作所需的流程、培训、资源和工具等。这样的团队被一种重视持续改进、重视适应性和积极发声的文化所包围。"[21]就我们的目的来说，积极进取和职业倦怠之间存在强烈的负相关。[22]因此人们认为，积极进取的精神是缓解职业倦怠的一个框架。[23]

PRIMED模型：获得复原力的6种途径

积极进取的、具有复原力的团队有很多特征。正是这些特征帮助团队保持复原力，并能始终表现出最佳状态。这些共同的特征包括：[24]

（1）心理安全、彼此信任；团队成员有自主权，有归属感，并且不断学习和成长。

（2）组织结构清晰，具有明确的分工以及明确的、具有挑战性的、可实现的目标。可以获得必要的工作资源的支持。

（3）通过可靠的、有效的沟通和反馈，促进积极的社会关系互动、社会支持和高质量的联系。

（4）对工作的意义和影响有清晰的认识，并在实践中践行价值观。

（5）良好的应对压力的流程，对团队成员超负荷工作的迹象保持警惕（并有意愿对压力源采取措施）；对于哪些事能赋予团队活力或消耗团队精力有清晰的认识。

（6）精神力量强大，对团队完成任务、克服挑战和障碍的能力有着共同的信念。

（7）为了支持上述的一切，当现有的流程、价值观和目标不再适合时，卓越的团队能够依靠自身的文化，持续改进并积极调整。

上述能力可以通过下面6种途径获得。按照它们的首字母，可以称之为PRIMED模型。

心理安全和心理需求（P）：一个积极进取的、具有复原力的团队，心理安全和心理需求是重要的基础。人们在工作中需要有归属感，享受一定程度的自主权，有能力与他人建立联系，并作为专业人士不断学习和成长。

人际关系（R）：高质量的人际关系可以提升积极进取的精神和复原力。

影响力（I）：积极进取的、具有复原力的团队会清醒地知道自己的工作是在为更大的目标服务，并且能够看到自身在整个组织中的位置。

精神力量（M）：从团队的效能（也就是相信能够齐心协力克服挑战并实现艰难的目标）可以看出这个团队的复原力、敬业程度和积极程度。[25]对于一个必须不断适应动荡环境的团队来说，团队会思考些什么、如何一起思考，显得尤为重要。[26]

活力（E）：意识到压力从何而来有助于保持团队的活力。积极进取的、具有复原力的团队擅长应对压力，同时擅长识别团队成员压力过大的预警信号。

设计（D）：当事情发展不顺利的时候，积极进取的、具有复原力的团队会创造出积极的变化。个人和团队都可以用3种方法创造出积极的变化：欣赏式探询、找到工作中的关键资源，以及培养团队的设计思维。

评估团队的复原力

为了更好地评估团队的这些核心能力，我设计了一个团队复原力盘点清单，协助团队弄清自身的复原力在哪些方面做得不错，在哪些方面需要改进。表3.1包括了一些我在评估团队复原力时会问到的问题。每个问题的得分为1～5。1代表"完全不同意"，5代表"完全同意"。如果你的得分在41～50之间，说明你的团队具有复原力和积极进取的精神。如果得分在31～40之间，说明你的团队在一些方面做得不错，但也有需要改进的地方。如果得分低于30，那你就要做出一些较大的改变了。你的团队在PRIMED模型下是否具有复原力以及积极进取的心态？是否能取得持续的成功呢？

在接下来的章节中，我会更详细地介绍PRIMED模型中的每一条路径。这样，你、你的团队和领导者就有了一个工具和框架，可以建立起一支能够克服职业倦怠的、积极进取的、具有复原力的团队了。

第三章 团队的力量能帮助组织克服职业倦怠

表 3.1 团队复原力盘点清单

问题	得分
1. 我们了解工作资源，并且经常使用它们。	
2. 我们能很好地适应变化。	
3. 挫折并不会长期影响我们的团队——我们会迅速调整重心。	
4. 我们关注并回应团队成员因压力过大或职业倦怠而出现的早期预警信号。	
5. 整个团队充满活力。	
6. 我们的工作充满意义和影响力，我们经常讨论我们对整个组织的贡献。	
7. 我们很擅长在组织内部开展艰难的对话。	
8. 我们很容易向团队中的其他成员寻求帮助。	
9. 我们专注于学习和成长，并不断改进团队的工作方式。	
10. 我们的团队成员彼此信任。	

需要记住的要点

1. 在工作场所，从团队层面解决职业倦怠最有效。团队是一个小型系统，有自己独特的文化。克服职业倦怠的整体性策略和框架可以在团队中成功地部署。

2. 解决职业倦怠的方法是创建一个积极进取的、具有复原力的团队。这样的团队具有 7 种核心能力，可以通过 6 种不同的途径来获得。按照它们的首字母，可以称之为 PRIMED 模型。

049

第 二 部 分

助力团队成功的 PRIMED 模型

4

第四章
心理安全和心理需求：团队成功的基础

在工作中展现出真实的自己，让别人看到你的贡献，对你的幸福感非常重要。知道如何培养归属感并获得动力，可以帮助你的团队更加投入，更忠实于你的组织，更有能力应对众多挑战。采用 PRIMED 模型的团队需要优先考虑两个基础：心理安全和心理需求（Psychological safety and psychological needs），也就是 PRIMED 模型中的"P"。

第一个基础：心理安全

在一次研讨会上，当我和一群工程管理人员讨论复原力的时候，我发现自己一直在使用"ROI"这个词，却没有定义它。我问大家有谁不熟悉这个术语。果然，有一个人——我叫她莎拉，举起手说："我不明白这个词是什么意思。"我解释说，

ROI 的意思是投资回报率（Return on Investment），然后继续讲了下去。过了一会儿，房间后面又有一个人——我叫她丽莎，打断了我并大声说道："我想知道是谁不知道'ROI'的意思！"我愣住了。每个人都沉默了，莎拉又恼火又尴尬，但她还是大方地承认了这一点。

那么，莎拉愿意和丽莎一起工作的可能性有多大？幸运的是，她们在职场中的地位相同，但想象一下，如果莎拉是丽莎的下属，她知道自己在某些人眼里，是个会提出"愚蠢问题"的人，那她在每天的工作中会是什么感受？

心理安全是一种信念，意味着你不必掩饰自己，可以冒一定的风险，可以提出问题，可以分享不成熟的想法，可以告诉别人自己遇到的困难，可以在团队中表达反对意见时受到尊重，而不必担心因此受到排挤、羞辱或惩罚。这就是团队层面的信任。

心理安全之所以重要，是因为它带来的好处非常明显，特别是在今天以知识为基础的工作环境中更是如此。当团队成员在心理上感到安全时，他们就会畅所欲言，更有可能及时发现严重的问题或错误，在某些行业则更有可能及时挽救生命或避免严重的安全问题。此外，他们也更有可能创造性地思考，分享新的想法，分享自己的专业知识。最重要的是，心理安全是

第四章 心理安全和心理需求：团队成功的基础

归属感的切入点，而归属感是职场人士的核心心理需求之一。我们稍后会讨论这一点。[1]归属感也是多样性、公平和包容性对话中的一个重要话题。感觉自己不属于这个团队，或者必须在工作中假扮成另一个人，会让人疲惫不堪。种族平等运动已经清楚地表明，在这方面，职场必须做出重大的改进。

为了感受这种归属感，为了在工作中充分感受到自己的存在和贡献，团队成员必须能够开展艰难的对话，必须能够谈论失败。在一个具有心理安全感的团队中工作，员工不必在进入办公室时摆出一副"工作面孔"。[2]

心理安全和团队的绩效密切相关。谷歌公司在启动亚里士多德项目（Project Aristotle），研究如何创建高效团队时，就发现了这一点。在收集了众多数据之后，谷歌却无法预测出任何高效团队的模式，直到将心理安全因素考虑在内后才解决了这个问题。谷歌的研究表明，对于团队合作来讲，心理安全比其他任何因素都重要。[3]谷歌公司法律运营总监玛丽·申·奥卡罗尔（Mary Shen O'Carroll）和她的团队参与了这项研究。她告诉我，和员工们保持沟通，有意识地表现出自己的领导方式，并保持透明度，是帮助她的团队获得心理安全感的关键领导行为。[4]

表 4.1 中列出了建立心理安全所需的其他关键行为，以及

你在团队中可以发挥的作用。[5]

表 4.1　如何在工作中建立心理安全

为了建立心理安全，领导者需要做的事情	为了建立心理安全，员工需要做的事情
平易近人，让团队成员知道如何找到你、什么时候找你最合适。	和团队成员保持高质量的人际关系。[6] 处于高质量人际关系中的人，即使和别人的互动时间很短，也能感受到别人的欣赏和重视。当人们感受到欣赏和重视时，他们更有可能在发言和讨论问题时感到心理安全。
当有人走进你的办公室时，通过关注他们让他们感觉受到了重视。从你的手机/电脑上抬起头来；合上笔记本电脑。	减少闲聊、拉帮结派和八卦行为。
明确团队的标准和价值观，始终如一以同样的标准处理违规行为。	时常表现出专注的礼貌，比如在别人说话时看着对方的眼睛，比如及时表示感谢。
给每个人发言的机会，从中找出他们的贡献和想法（邀请每个团队成员就你正在思考的问题给出赞成或反对的意见）。	一对一地对同事表示认可；识别出他们的正确做法并给予肯定。
承认自己的知识有限，你可以说："我不知道答案"或者"我以前从未见过这个"。	发现团队成员何时需要帮助并伸出援手。
当一个团队成员出于好意，冒风险做了一件事却事与愿违时，强调这是一个学习的机会；然后更进一步，承认你也失败过多次或有达不到要求的时候。	向你的团队成员征求意见、反馈和建议。

续表

为了建立心理安全，领导者需要做的事情	为了建立心理安全，员工需要做的事情
保持信息的透明度并持续更新状态。	即使新的想法没有被采纳，也要给团队成员鼓励。
为现在只能远程见面的团队成员明确角色职责和任务；突发性事件可能会给团队带来新的、和现有任务冲突的任务。	
轮流主持会议。	

团队文化可能会影响团队成员心理安全感的形成，所有团队成员都需要了解团队文化。在我的一个研讨会中，有个学员说他指定自己为新员工的"引路人"，负责告诉他们公司的文化是什么。

第二个基础：心理需求得到满足

当我陷入职业倦怠的时候，每到周日晚上，我总是辗转难眠，盯着时钟，希望时间停下来。我愿意做任何事来避免上班。在我的一个研讨会中，一位学员称这种感觉为"周日恐惧"。团队可以通过满足员工的3个心理需求来为他们提供动力，克服职业倦怠。这3个心理需求是自主权、归属感和自身技能，它们是员工获得成长、高质量地完成工作并在工作中获得幸福感的必要因素。[7]在这本书中，我将把它们称为"基本心理需求"。[8]

我的一个学员朱莉是这样认识"基本心理需求"重要性的：她是一家大型专业服务机构的中层管理人员。哪怕是给自己留出一个小时的空闲时间或者出门和男朋友约会，她都会感到焦虑，担心会错过重要客户的邮件或者老板的通知。当我们谈论"基本心理需求"的重要性之后，她说："如果我在工作中能满足哪怕25%的这些需求，我都会完全离开我的男朋友！"我笑了，然后请她解释一下。她说："这意味着我会感到自己有价值。我会很高兴放弃偶尔的约会，去处理紧急的事务。"

以下是有关"基本心理需求"的更多细节。

自主权

你感觉自己有权选择何时及以何种方式完成工作中的各项职责，有权选择以何种方式完成日常任务。你对事情的完成方式有发言权。而且你可以主动地在工作中做出决定。自主权并不意味着单干或个人主义。自主权的作用很大。一项针对医务工作者的大型研究表明，在实践中，认为自己缺乏自主权是唯一最能准确预测职业倦怠的因素。[9]

在我和辅导对象们谈话时，缺乏自主权是一个经常被提及的话题。我的一个客户珍在政府的高级职位上工作了十多年。她可以随心所欲地自由来往，而且有重要决定时也会告知她。只要工作完成了，基本上就没人管她了。后来她换了工作，在一家大公司里担任高管。她突然觉得很有压力，好像自己被"监视"了。一年后，我们再次见面时，她有了一点不同的看法，并教会了我重要的一课：自主权必须靠实力挣得。投入时间并做好工作是必需的前提。她做到了这一点，随之而来的是更多的自主权。

自主权测试

这个小测试会让你很快知道，你的团队成员在工作中是否感到了自主权。让他们做这个测试，并回答"是"或"否"。[10]

1. 我觉得我可以选择以何种方式完成我的日常工作。

2. 对于如何完成我的日常工作，我有发言权。

3. 如果一个变化会影响到我和我的工作，那么我就可以参与到决策过程当中。

4. 在改进我的日常工作方面，我有必要的技能，也能获得必要的支持。

在团队成员完成测试后，讨论他们回答"否"的问题。

归属感

归属感是你与他人建立联系的渴望。你感觉自己属于这个对于你来说很重要、很有意义的团体。你感受到别人的关心，你重视与他们建立良好的关系。

自身技能

你感觉自己的能力越来越强，在对你而言很重要的工作中越做越好。你觉得自己在工作中很有效率。你希望作为一个专业人员，不断成长，继续掌握新的技能。

职场中的重要成就和"基本心理需求"的满足有关，包括工作业绩提高，职业倦怠的风险降低，对组织的承诺加强，以及人员流失率降低。[11]"基本心理需求"以不同的方式影响着职业倦怠的3个维度。因此，任何一项需求没有得到满足，都会造成职业倦怠。[12]事实上，"基本心理需求"中的每一项都与职业倦怠率呈现负相关。[13]

我辅导的一位客户吉尔是一家大型医疗机构的高管。她的自身技能需求没有得到满足，这使她陷入职业倦怠。她说自己在工作中想要的就是一个参加高级别会议的资格。当收到上司发来的短信时，她感到很沮丧。因为她的上司正在参加这类会议，就一些问题询问她的意见，而这些问题对她来讲是驾轻就

第四章 心理安全和心理需求：团队成功的基础

熟的小事。如果她能参加这些会议，就能当场轻松地解决这些问题了。

重要的是，当你的这些"基本心理需求"得到满足时，你就有可能表现出最佳的状态。你获得了动力，变得更加自觉，工作质量也更高了。这说明，你做的这件事是你自己的选择，符合你自己的价值观。当你在工作中，"基本心理需求"没有得到满足时，你就会变得抑郁、身心疲惫、感到压力，而且有更高的离职意愿。[14]

满足"基本心理需求"的职场文化是什么样的

要识别出哪种职场文化满足了"基本心理需求"并不难。我曾经很幸运地和捍卫者（Defenders）以及 ADT 这两家公司合作过，它们都是家庭安保领域的专业公司。我与安全顾问、安全经理、销售人员、客户体验团队都谈过话，他们也教会了我很多关于公司文化的知识。他们都有一套核心价值观以及对一些事情强烈的热情，这些指导着他们在企业中的一切行动。虽然大多数企业都有核心价值观或者类似的说法，但在捍卫者公司，他们会积极主动地满足员工的"基本心理需求"。这家公司强调以成长为导向的学习，帮助公司的专业人员扩大他们在工作之中和工作之外的影响力与归属感。事实上,当我询问一些成员,是什么让他们在公司待了这么长时间时,我得到的都是与学习、成长和人际关系相关的答案。

在另外一家公司,我采访了一些管理人员,询问他们,是什么让他们在工作中如此快乐(类似于"如何不让自己陷入职业倦怠"之类的采访)。其中一个人讲述的就是心理需求得到满足的样子:"我们的顶头上司是一位非常关心他人,并能鼓舞人心的领导者。他把我们部门建设成了一个令人赞叹的集体。能帮助他营造这样一个环境让我感到振奋。在这个环境中,我们的团队可以出色地完成工作、全情投入,每个人都认为自己可以实现职场的目标。"

重要的是员工们能够认识到,他们的"基本心理需求"可以在这种环境中得到满足。领导者以及团队都需要关注那些可以满足"基本心理需求"的条件。这些条件有:[15]

(1)一个可以让团队成员愿意为之奋斗的、有意义的目标。

(2)可控的、难度逐级增加的挑战,可以让团队成员不断拓展自己的技能,不断进步。

(3)领导者保护员工的自主权,员工能够获得领导者的指导和支持(关于如何建立起这种领导风格,参见第六章)。

(4)与同事们建立起积极的、高质量的人际关系。

（5）获得培训和发展的机会。

此外，以下职场要素也可以满足"基本心理需求"，并建立起一个积极进取的、充满活力的、不断学习和进步的职场环境。[16]

自由裁量权

自由裁量权满足了员工提升自主权和自身技能的心理需求。专业人士（尤其是资历较浅的团队成员）可以在没有压力或微观管理的情况下，自由地选择完成工作的方式。（新冠疫情已经让我们知道，人们可以高效地做到这一点。）员工们可以自由地寻找新工作，提升自己的技能。领导者可以对项目的结果或者需要达到的特定参数提出要求，但具体的实现过程可以让员工们自己决定。

广泛的信息共享

在团队中始终如一地分享信息，同样可以提升员工的自主权和自身技能。当专业人士有足够的信息来做好自己的工作时，他们做出明智决策的可能性就会增加。此外，他们也能快速发现问题并协调行动，这对于保持团队复原力特别有价值。广泛的信息共享还可以让员工更好地了解自己的工作在更大系统中的位置。

定期的进度反馈

专业人士需要定期获得反馈，这样他们才能在具有挑战性的项目上取得进展，并根据需要进行调整。定期反馈提升了员工的归属感和自身技能。这些反馈通常应符合"FAST"原则：频繁的（F）、准确的（A）、具体的（S）和及时的（T）。[17]建设性的反馈应该是一种以学习为导向的、双向的沟通。（你可以在第五章中找到促进这类沟通的模板。）这些反馈还可以消除不确定的感觉，及时防止有害的思维模式，比如杯弓蛇影、什么都往坏处想的灾难性思维，以及一些不会得到好结果的简单型思维。

当基本心理需求得到满足时，你就能做好工作。那么，为什么如此多的管理者仍然使用胡萝卜加大棒的方法来激励员工呢？这是因为这种做法在短期内是有效的。很多领导者承受着巨大的压力，他们只想让员工立即完成任务。这让我想起了我的朋友丹，他是美国陆军的一名退役上士。当回忆起自己的部下之所以遵守他的命令，是出于恐惧而不是尊重时，他感到很沮丧。胡萝卜加大棒的方法会在短期内带来成效，但你以后会为此付出代价。

第四章 心理安全和心理需求：团队成功的基础

需要记住的要点

1. 基本心理需求包括自主权、归属感和自身技能。

2. 心理安全和心理需求是积极进取的、具有复原力的团队的基础。领导者在这两个方面的建设中，扮演着重要的角色。不过，也有一些团队成员可以采用的方法。

3. 领导者平易近人，减少团队中的闲聊和八卦，让团队中的每个成员都有机会表达自己的想法或担忧，这些都是培养心理安全的方法。

4. 制定有意义的目标，接受及时的反馈，广泛共享信息，为员工提供培训和发展机会，这些都是满足员工基本心理需求的方法。

第五章
人际关系：建立联系的重要性

回想一下你最近一次乘坐公共交通工具的情景。大多数人都在做什么？如果和我乘坐的（或者在疫情之前乘坐过的）飞机、火车、公共汽车和地铁上的情形一样的话，那么人们最有可能的是保持沉默，低头看着智能手机处理工作或浏览社交媒体。

不过，如果你被迫要与陌生人互动呢？芝加哥大学的行为科学家们对此进行了一系列的研究。[1]

研究人员将数百名乘坐公共汽车和火车的通勤者分成3组，分别要求他们：

（1）与陌生人互动。

（2）独自坐着，不与外界联系。

（3）做自己平常上下班时常做的事。

此外，研究人员要去预测哪一组人会有最积极的体验。尽管大多数人预测独处会带来更积极的体验，但实际结果恰恰相反。参与测试的通勤者报告说，当他们与陌生人互动时，获得的体验更积极（而且富有成效）。

归属感是基本的人类动机（Human Motivation）。[2]团队和组织从员工入职开始，就应该把归属感放在优先考虑的位置上。团队和组织向新员工传达有关归属感和人际关系的方式会对他们的心态造成强烈的影响，进而影响他们对工作环境的看法。人际关系（Relationship）就是PRIMED模型中的"R"。

新冠疫情让人们认识到，人际关系在工作和团队中是多么重要。如今，团队中人与人之间的联系正在弱化。许多人告诉我，他们多么怀念工作中的"茶水间"时刻——和某个同事在茶水间相遇，或是打个招呼，或是分享新的想法。这些不经意间爆发出的创新火花如今变得罕见甚至完全消失了，因为它们很难在网络世界中存在。疫情也暴露出了日益严重的孤独问题。

工作中的孤独感会导致职业倦怠[3]和抑郁[4]，在法律、工程和科学相关领域，表现得最为明显。[5]此外，孤独感还会影响工作业绩（孤独的员工对组织没那么投入），以及团队内部

第五章 人际关系：建立联系的重要性

的互动（人们会认为，这些人在团队中工作的效率较低，他们发出的情绪信号可能会受到其他团队成员的排斥，从而进一步加深他们的孤独感）。[6]孤独感并不是独处引起的，而是由于缺乏与他人的联系。[7]孤独感可以通过一些善意的小举动来缓解，比如对他人表现出真诚的关心而不期望任何回报，心态的转变和重构，参加对你而言重要的团体，鼓励他人，以及利用积极的事件获得收益。[8]重要的是，这些策略大多是免费的或是成本很低的，并且可以在远程工作的环境中实现。

增进联系的重要方法

在新冠疫情的"新常态"中，把和同事的联系放在优先位置

良好的同事关系是重要的工作资源，它有助于克服职业倦怠。[9]在我的研讨会上，当我让人们列出他们的工作资源时，几乎所有人都说，如果没有同事的支持，他们几年前就会离开那个组织。我辅导过的一群护士亲切地用"绿色代码"来形容护士们之间紧密的人际关系。当我问那是什么意思时，一位护士回答说："当我们都想出去喝一杯鸡尾酒的时候，就会说这个代码！"

新冠疫情改变了人们完成工作的方式，团队也需要不断地

去探索新的工作方式。这可能需要将面对面的方式以及远程工作的方式结合起来。旅游科技公司优栈网（Trivago）是这种模式的领先者之一。当我采访该公司首席执行官阿克塞尔·赫夫（Axel Hefer）的时候，他说，这家公司曾经非常推崇面对面的工作文化，因此他们对远程工作能不能取得成功持怀疑态度。但他们的发现和许多其他公司告诉我的一样：远程工作一样可以完成任务，一样可以做好。而且，团队也喜欢它提供的灵活性。然而，工作中还是出现了一些问题。赫夫注意到，他们在讨论战略时，达不到预期的效果。因为人们不聚在一起，就很难保持同样的活力。隔着网络，团队成员无法"秒懂"其他人的感受。此外，招聘新人的过程以及"边干边学"的策略推行也变得很困难。新员工遇到的问题要能随时得到解答，但这些短暂的、偶发的员工间的接触在远程工作时很难完成。为了充分利用远程工作带来的好处并应对远程工作的挑战，优栈网创造出了一种混合式的工作模式，正在试行中。员工将继续远程工作，但公司强烈建议他们每个月在办公室工作一周。在这一周面对面的工作中，他们会把所有的反馈、月度工作会议、战略研讨会、团队晚宴以及各种活动安排好。赫夫说："没有人知道完美的平衡点在哪里，每个组织、每个团队都会有所不同。找到正确的方法可能需要很长时间。"优栈网致力于尝试新的方法，获得反馈，并在需要时进行迭代。人和人之间的联系对他们的文化来说很重要。

> **在远程工作的团队中，保持员工间的联系**
>
> 对于远程工作的团队，还有一些额外的因素需要考虑。团队成员在现实中不见面，这会对员工的心理安全和凝聚力产生负面影响。[10]为了确保员工之间的信任、归属感和彼此之间的联系，远程工作的团队必须做到以下几点：[11]
>
> ·定期审核既定目标的进展情况；
>
> ·庆祝里程碑式的成就以及小的胜利；
>
> ·及时且有意义地回应客户的要求；
>
> ·增加反馈；
>
> ·当团队成员跨区域提供了重要的帮助时，要特别予以表扬；
>
> ·保持透明度——定期更新团队情况以及每个区域的重要变化；
>
> ·开诚布公地谈论你的团队在远程工作时面临的挑战；
>
> ·定期讨论团队的共同目标。

充分利用彼此的好消息，促进人际关系

告诉同事一些好事情和好消息不仅对个人有好处，对人

际关系也有好处。与他人分享好消息会增加事件的感知价值（Perceived Value），并促进信任，也让你更有可能帮到他人。[12]在一组研究中，研究人员要求受试者回忆过去几年他们最高光的时刻，为此付给受试者一定数量的钱，但在完成实验和相关的问卷调查后，研究人员会故意多付给受试者一些钱。在分享高光时刻时，得到研究人员正面反馈的受试者中，有68%的人退回了多付的钱；相比之下，在得到负面反馈的受试者中，有35.9%的人退回了多付的钱；在收到中性反馈的人中，有47.7%的人退回了多付的钱。[13]

对好消息的回应必须是积极的、有建设性的（而不是被动的、有破坏性的），这样才能建立良好的人际关系。每种回应风格都有一定的特点（见表5.1）。[14]表格中包含的例子是当你告诉团队成员自己刚刚升职的好消息时，得到不同回应的样子。

表5.1 对好消息的回应风格

积极的，有建设性的 （"快乐翻倍机"）[15]	积极的，破坏性的 （"快乐打折器"）
·回应者问一些问题并询问细节； ·询问这件事的潜在含义。 这样的回应相当于："恭喜你！你当之无愧。多告诉我们一些你的新职位的情况。你打算怎么庆祝？"	·指出负面影响； ·最小化这件事的积极意义。 这样的回应相当于："真让人印象深刻！但你不是应该有太多的事情要做了吗？你刚刚还说自己有多累呢。你确定这件事是好事吗？"

续表

消极的，没有建设性的 （"心不在焉"）	消极的，破坏性的 （"转移话题"）
·没什么回应； ·承认这是个好消息，但没有下文了。 这样的回应相当于："还不赖。"	·完全忽视了这个好消息； ·回应者将谈话引向关于自己的其他事情。 这样的回应相当于："这倒提醒我了，我得去和人力资源部谈谈我对上次绩效评估的一些看法。"

很多年来，我一直在教授学员这个技巧，但它比看起来要难。为了提高效率，你必须知道自己无法有积极地、有建设性地回应（Active Constructive Responding，ACR）的障碍是什么。表 5.2 列出了常见的克服 ACR 的障碍。[16]

表 5.2 克服 ACR 的障碍

ACR障碍	克服方法
我太忙了。	你不需要和分享者进行冗长的对话。保持好奇心，多问一个问题。
我对这个好消息不关心。	ACR回应技巧与好消息无关，而是与人有关。好消息只是一个促进人际关系的渠道。
我对这个好消息有不同看法，或者我的价值观和分享者的价值观不一致。	在某些时候，确实可以合理地质疑一个人的好消息。但这里的经验就是把两者分开，先用ACR回应，然后再讲出你的看法。
我看不出这是个好消息，或者我不知道它意味着什么。	你并不需要假装欣赏，你可以直接要求对方澄清。
这个消息还不够好，不值得我们做出回应。	一个律师就是这样告诉我的，这就是他不用ACR回应的原因。不要这样，你的工作不是评判他人的好消息的质量如何。

续表

ACR障碍	克服方法
这个好消息让我嫉妒。	虽然你必须反思自己这种反应的根本原因，但分享者也有一定的责任。如果你怀上了第三个孩子，那么就要好好考虑如何和一个正在做试管婴儿的朋友分享这一消息。

教授这项技能让我看清了我曾经错过的那些时刻原来有多么重要。我爸爸退休后，经常在下午打电话给我，谈论他一天都做了些什么。我的大多数回应都是消极的、没有建设性的（"心不在焉"），以至于终于有一天，我注意到他给我打电话的次数减少了。于是，我打电话给他，问他为什么不经常打电话了。他说："你好像没时间听我唠叨。"哎呀！如果你不能简单地总结并认可别人告诉你的好消息，那这个人就会找其他人倾诉——就像我父亲一样。想想这对领导者、团队成员、父母和朋友都意味着什么。

这项技能也帮助我辅导过的一位美国陆军士兵和他的姐姐重新和解。他解释说，母亲的过世在家庭中造成了裂痕，导致他好几年没和姐姐说过话了。那天课后，他坐火车从费城来到纽约，在没有通知姐姐的情况下，径直来到了她的公寓楼里。她回到家，打开门，看到弟弟，突然（开心地）大哭起来。

第五章 人际关系：建立联系的重要性

工作中的复盘

经常聚在一起谈论重要的目标、关键的决策点，以及在项目结束后复盘，可以让团队成员彼此间更加信任，更不容易产生职业倦怠。[17]为什么会这样？因为对项目的讨论可以增加团队成员对项目的掌控感（我知道团队对我的期望是什么以及我需要做什么）和获得支持的感觉（我知道我的团队会支持我）。[18]事后复盘（After-Action Review，AAR）是一种常见的工作方法，起源于军事领域，但如今已广泛应用于商业领域。下面是团队成员可以询问的一些问题：[19]

1. 原先预期的结果是什么？

2. 最后实际的结果是什么？

3. 哪些行动起到了正面作用，哪些没起到？

4. 哪些地方做得好？

5. 我们应该在哪些地方加以改进？

职场中的团队都很忙，因此重要的是要知道，复盘不必花很长时间——大多数情况下大约15分钟就足够了。另外，尽管我将事后复盘归为一种团队技巧，但读者可以也应该在自己的工作中使用它。比如，每次演讲结束后，我都会做个笔记，记下哪些地方做得好，哪些地方要在下一次培训中加以改进。

谈论对方工作中的问题（通常称之为"艰难的对话"）

在研讨会上，人们经常要求我解释的一个问题是，领导者和团队成员如何谈论对方工作中的问题，特别是当领导者或某个团队成员的处境越来越困难的时候。在我辅导过的许多团队中，他们对自己团队内部进行艰难谈话能力的评价都较低。和我合作的一家大型金融服务公司的团队称这种文化为"老好人文化"——意思是人们非常在意彼此的和气，以至于不会说出本应该说出的话。

虽然你可能会有所顾忌，不愿意开诚布公地谈论对方工作中的问题，但我采访过的许多人（包括我自己）都表示，他们希望有一个值得信赖的同事能够在关键时刻说点什么。我最近合作的是西海岸一家大型银行中的一个团队。这个团队中的一位高级副总裁说，她非常感激她的同事把她拉到一边，对她工作中的问题提出了意见。（实际上她已经注意到了那些不屑的白眼和假笑！）她的同事提醒她说："你让我想起了我小学三年级的老师。那可不是什么美好的回忆！"下面是一个可以为你提供帮助的框架。[20]

谈话前：

不要"仓促开口"。你要回答的第一个问题是，你是不是进行这次谈话的合适人选（或者谁是合适的人选），然后，你应该小心谨慎地选择谈话的时间和地点，并考虑你谈话的目的。你是要制止某种行为，还是要推动某种行为？还是你只想让对方知道，你在意这件事？

妨碍人们沟通的是人们总是自以为是。这会导致你在沟通中要么想解决问题，要么想说服别人同意某个观点。但你真正应该做的，是在沟通中理解对方的立场，而不是试图马上解决问题。在谈论别人的问题时，理解对方的立场很重要。你可以使用一些简单的技巧，比如你可以说"我很好奇"或者"你能帮我弄明白这件事吗"。

谈话中：

第一步：摆出事实，说明问题。用具体的事实说明你看到的问题，避免夸张和主观印象。

第二步：客观陈述你的担忧。表达你的感受，不要指责。使用"我觉得""在我看来"这样的短语。

第三步：指出下一步的具体行动。询问对方的观点，理解对方的立场。记住，沟通是双向的。讨论必须解决的问题或者必须采取的行动，（如果恰当的话）也讨论可能造成的后果。

第四步：评估结果和目标。对话双方进行总结，明确下一步的行动。

大约5年前，在一次会议结束后，一位销售人员向我走来，说："如果在接下来的 6 个月里，我的工作没有任何变化的话，我肯定会得心脏病。"当职业倦怠足够严重时，人们可能会经历严重的健康问题，以及和工作相关的问题。所以，你需要克服瞻前顾后的心态，和别人谈论他们工作中的问题——为他们花时间是值得的。

工作中的人际关系需要花精力去维护，但它们是一种重要的工作资源，可以帮助你和你的团队克服职业倦怠。

需要记住的要点

1. 在工作中和同事保持联系，把人际关系放在优先地位。它是一种重要的工作资源，有助于你增强复原力并克服职业倦怠。

2. 在新冠疫情的新常态下，尝试混合式的工作模式，保持同事间的联系。同时注意在远程工作的团队中，培养同事间的联系。

3. 你可以采用以下几种办法增加同事间的联系：充分利用彼此的好消息，工作中的复盘，谈论对方工作中的问题（通常称之为"艰难的对话"）。

第六章
意义与影响力：你为什么做这些事

我和一些军事教官坐在费城宾夕法尼亚大学校园中的喜来登酒店的地下室里，一起吃午饭。午饭像往常一样开始了。我询问教官们的训练进行得如何，回答他们的问题和建议。我们聊到了橄榄球，这是我最喜欢的话题之一。

这时，我用余光注意到一位教官正在看着我，他的目光一直没有离开我的脸。过了一会儿，我转向他问道："嘿，中士，你有什么事吗？"他马上答道："你只是为了挣钱而做这些事吗？"

从来没有人问过我这个问题，这让我有些措手不及。不过，我做这项工作的确有更深层次的原因。我向中士讲述了我的祖父。他是一名"二战"老兵，参加过诺曼底登陆和阿登战役，并因英勇作战而获得了紫心勋章。他受了重伤，花了几个月的时间才治好了身体上的创伤,但心理上的创伤一直没有治好。我解释说,这对我的家庭产生了不好的影响。如果我能帮助哪怕一名士兵更好地应对这一切,那将是一种巨大的荣誉,也是对我祖父最好的告慰。

"这真是一个感人的故事。"他说。我可以看出,他的态度发生了变化。此后不久,他开始向我请教更多的问题,看得出来,他开始信任我了。

你会如何回答中士的问题?你为什么做现在这些事情?你会谈论自己团队的影响力,以及你从工作中获得的意义吗?

意义的重要性

工作是人们推动影响力(Impact)的重要来源,它是PRIMED模型中的"I"。同时,工作中还包含着意义。

"意义"是对个人而言的——它是你的主观体验,是你对自身工作的主观认可:你的工作是否重要,是否能够帮助你成长,是否有价值。[1]研究发现,工作的意义和你对这份事业的投入程度、是否愿意在工作中付出额外的努力、对组织的承诺程度,以及内在的工作动机紧密相关。[2]认为自己的工作有意义的人,缺勤率更低,主客观的工作表现都更好。[3]一项研究表明,比起认为自己的工作没什么意义的消防员,认为自己的

第六章　意义与影响力：你为什么做这些事

工作更有意义的消防员产生职业倦怠的可能性更低。[4]

以下这些策略可以帮助你在工作中找到更多的意义。

培养一种领导力风格，支持员工发现更多的意义和更多的工作动机

意义和动机密切相关，动机可以是高质量的，也可以是低质量的。[5]高质量的动机（也称内在动机）是指你的工作与价值观一致，对你个人有意义，而且和你的个人兴趣相吻合，你感到工作充满乐趣。[6]具有高质量动机的员工产生情感衰竭与离职的可能性更小，他们往往会持之以恒地工作，在工作中创新的可能性也更大。[7]

为了让自己的团队更好地找到工作的意义和动机，领导者需要培养一种"鼓励支持"型的领导力风格（而不是"严格管控"型的领导力风格）。当你听到团队成员用"鼓舞""激励"和"关心"这样的词来形容一个领导的时候，你就知道这是一位"鼓励支持"型的领导者了。人们愿意为这样的领导赴汤蹈火。除了让员工在工作中找到更多的意义和动机，"鼓励支持"型的领导者还会为员工带来幸福感，让员工对工作更加投入、对组织更加忠诚，行为更符合社会规范。[8]重要的是，与"鼓励支持"型领导力风格相关的特征和行为是可以习得，并

081

能不断加以改善的（这是我们辅导训练中的一个重要话题）。[9]
表 6.1 比较了不同的领导力风格。[10]

表 6.1　不同领导力风格的比较

"鼓励支持"型的领导力风格	"严格管控"型的领导力风格
认可并倾听员工的观点。	在说话的语气、沟通的方式，以及和员工的互动上表现死板、不灵活。
鼓励员工的主动性；为他们的主动性提供选择和机会。	总是盯着员工最细微的行为不放。
及时回应问题；提供必要的帮助和指导。采用引导的方式来解决问题，当员工的参谋，然后把对话转向一个具体的结果。[11]	强迫员工以某种特定的方式去思考、感受或行动。
为项目、目标和愿景提供逻辑依据或合理的解释。	当员工没有遵照领导的要求时，强行矫正或采用惩罚性措施，使他们的行为回到预期的轨道上来。
澄清与角色和任务相关的信息混淆及信息缺失。	创造的是一个员工彼此竞争、都以个人为核心的工作环境。

按照 20% 规则，做出微小的改变

花点时间，列出你觉得工作中最有意义的部分。医生可能会列出照顾病人、医学研究、培养未来的医生和/或取得新的科学发现；律师可能会列出起草具有说服力的文件、上法庭打官司、指导新律师和/或定期与客户沟通。现在估算一下你在这些工作中花费的时间占你全部工作时间的百分比。

第六章 意义与影响力：你为什么做这些事

你列出的有意义的部分和你在这些事情上花费的时间之间是否存在反差？对很多人来说，答案是肯定的。作为专业人士，如果在有意义的工作上花费的时间不到全部工作时间的20%，那么相对于有意义的工作时间占据全部工作时间20%或以上的人，前者产生职业倦怠的可能性几乎是后者的两倍。[12]

人们发现，如果想让自己在有意义的工作上花费的时间接近20%，可以在工作方式上做出一些微小的改变。下面是一些方法：

· 在个人工作日程上为有意义的工作留出一整块时间。对我来讲，写作是我最喜欢的工作之一。但如果不在日程上为它留出足够的时间，我永远也没时间写作。

· 重新安排一天的工作。优先完成最有意义的事情，确保你能把它们都做完，而不是凭运气随机做这些事情。

· 作为一个团队，谈谈你们工作中喜欢或不喜欢的事情。你们可以交换各自的任务，或者在不同的项目上，改变你们的合作方式。[13]

影响力的重要性

意义是针对个人的，而影响力则是针对他人的。这里就出现了第四个"基本心理需求"——对他人产生正面影响的需求。[14]

我们为美国陆军做复原力培训的时候，经常有特别的客人参加。有一次我们的客人是陆军第14任总军士长雷蒙德·F.钱德勒三世和他的妻子珍妮（Jeanne）。总军士长（Sergeant Major of the Army，SMA）是军衔最高的士兵。他在离开前，把所有讲课的老师召集到了礼堂前面。我们不知道他要做什么。在讲了几句话之后，他给我们每个人发了一枚"挑战纪念硬币"——这是美国陆军对一个人努力工作表示认可和感激的象征。他和我们每个人握手，感谢我们对国家的贡献。那枚硬币是我最宝贵的财富之一，那一刻我永远都不会忘记。研究表明，尽管我们会很快习惯自己的金钱和财富，但对于创造影响力这件事，我们永远都会有新鲜感。[15]

下面是一些方法，可以帮助你的团队了解自己的影响力。

从你的"最终用户"那里获得激励

我从总军士长那里得到了关于我的影响力的实时反馈，但许多人在工作时并不知道他们对其他人造成了什么影响。例如，护士并不总能直接看到或感受到他们给病人带来的好处。护士对病人的健康非常关注，但日常的工作流程和烦琐的文档工作改变了她们与病人相处的方式和照顾病人的时间。

哈佛商学院的教授乔恩·亚希莫维奇（Jon Jachimowicz）

第六章 意义与影响力：你为什么做这些事

领导的一项研究指出，护士（认为自己对病人没有价值或没有照顾好病人）和病人（认为自己受到了良好的照顾）之间存在认知上的偏差。为了解决这个问题，一家医院的首席执行官给每个出院的病人发了一封信，信中包括一份护理过该病人的护士名单，并附上一张纸条，说护士们欢迎每个病人反馈他们的最新情况。为了更方便病人，信中还附有一张贴好了邮票、写好了地址的明信片。大约20%的病人寄回了明信片，热烈赞扬他们受到的护理。这不仅让护士看到了自己的影响力，也显著降低了护士们的职业倦怠和离职意愿。[16]

其他研究也证实，人们对自身影响力的认知存在偏差。大学呼叫中心的员工们需要给校友们打推销电话，说服校友们捐款。当一位奖学金的获得者花了5分钟的时间给呼叫中心的员工们讲述他如何从这些推销电话中受益后，员工们的平均通话时间增加了142%，每周获得的捐款金额增加了171%。[17]当放射科医生在病人档案中看到病人的照片时，他们写的病例报告要长29%，在通过CT扫描片诊断时，准确率要高46%。[18]

以下是一些实用的方法，可以把你和你的团队的影响力落到实处：[19]

· 不时地拜访你的最终用户。

· 如果可以，成为你所在组织的用户或最终客户。使用你这个组织的产品和服务，你就可以了解自己的工作对最终用户的影响。

·邀请最终用户访问你的组织（这些访问可以通过网络进行），并分享一个关于你的产品或服务的有说服力的故事，请他们给出评价。

·鼓励团队成员分享有关他们影响力的故事。

·在档案中加上一张照片。

·了解你的客户的故事，并在分配项目时讲给大家听。

·在项目结束后和你的客户保持联系。

了解你的使命

我们在上一章谈到过优栈网的首席执行官阿克塞尔·赫夫。我在采访他的时候，还和他谈到了疫情期间工作的意义、目的和影响力的重要性——具体来说就是，这些东西在危机出现时是否还重要。因为在疫情期间，我们重点关注的都是短期的日常运营，以及员工的健康问题。他说，正是公司的使命和影响力帮助他们在疫情期间保持住了活力。作为一家与旅游业直接相关的企业，疫情发生后，他们在几周内就没有了生意。但是，优栈网的使命是"帮助人们从生活中获得更多的体验"，因此对他们来说，疫情造成的逆境更凸显了这个使命的重要性。

第六章 意义与影响力：你为什么做这些事

花更多的时间和所爱的人在一起正是这家公司认为的旅游的重要性所在，因为你可以和你爱的人共同获得新的体验。围绕这一使命，他们的团队保持住了活力。他们开始思考旅游业的未来，以及对他们的客户来说，从现在起一年乃至更长的时间里，什么是重要的。他的团队开始更具创新性地思考这些未来的需求可能是什么，以及优栈网要如何影响这些未来的需求。这就是他们在公司更高层次使命的驱动下，在疫情期间集中时间和精力做的事情。这也是他们的团队和新工作方向的基础。

在危机和逆境时刻，你的组织对外界的影响力是你的重要支柱。你的员工、领导者和团队是如何完成你们的使命的？他们真的知道使命是什么吗？

制定一个超越当前团队的目标

虽然人们已经从个人层面上讨论过这个策略，但我想把这个策略应用到团队身上，帮助你的团队在公司内部形成更积极的影响。[20]为了帮助你的团队实现这一点，你需要考虑以下几个问题：

1. 你的团队希望对公司、部门或更高一级的工作单位产生什么样的积极影响？

2. 你的团队的价值观是什么？它们是如何发挥作用的？

3. 你想在公司内部、部门内部或更高一级的工作单位内部创造出怎样的积极变化？（更多的细节见第九章。）

4. 你的用户、顾客或病人会如何评价你的团队对他们的帮助？

5. 你的团队如何支持公司更高层次的使命？

需要记住的要点

1. 意义是你对自身工作重要性的主观体验，而影响力是你的工作对他人带来的帮助。在碰到逆境和危机时，意义和影响力尤为重要。

2. 领导者可以（也应该）发展出一种鼓励支持型的领导力风格，促进员工找到工作的意义和动机，全身心地投入工作，并忠诚于公司。

3. 贯彻20%规则，再加上一些微小的改变，与最终用户建立联系，制定一个超越团队的更大的目标，这些都有助于员工找到工作的意义，增加工作的影响力。

第七章
精神力量：心中的奶昔

花点时间想想奶昔。想象一下，牛奶和冰淇淋的美妙组合，顶部淋着打成泡沫的奶油和热巧克力酱，顺着玻璃杯的侧面缓缓渗出。奶昔的热量并不低，但对大多数人来说，它是夏日里的一份享受。为了说明精神力量的强大，心理学家用奶昔来测试人的心理状态是否可以操纵饱腹感。

研究人员将受试者分成两组，同样都喝一杯热量为380卡路里的奶昔。然而，他们告诉其中一组人，他们喝的是620卡路里的高热量奶昔（让这些人有一种放纵的心态），而告诉另一组人他们喝的是更健康的140卡路里的低热量奶昔（让这些人有一种克制的心态）。所谓的620卡路里的奶昔上，贴着一张美味奶昔的图片（就像我上面描述的那样），上面写着"放纵一回又如何"；所谓的140卡路里的奶昔上，没有贴图片，只写着一行字："克制是没有罪恶感的享受"。在第一次茶歇时，研究人员要求受试者查看奶昔上的标签并评分；在第二次茶歇时，研究人员要求受试者喝掉奶昔并评分。具有放纵心态的那组人，他们的胃饥饿素（一种释放饱腹信号的激素）水平急剧下降。而胃饥饿素水平越低，你就越能感受到身体上的能量，或者越能感受到饱腹感。相比之下，具有克制心态的那组人，胃饥饿素的水平相对稳定。但你还记得吗？这两组人喝的奶昔是一样的。因此，他们饱腹感不同的唯一原因就是心态的不同。[1]

精神力量（Mental Strength）就是 PRIMED 模型中的"M"。你和你的团队对压力的看法，会对压力带来的具体体验产生巨大的影响，并对你的判断、健康、业绩甚至是衰老速度产生连带影响。[2] 团队如何思考——更重要的是，团队成员如何一起思考，极大地影响着团队的工作能力和复原力。[3]

为了获得精神力量，你和你的团队需要培养的最重要的东西，就是你自己，以及团队的效能，也就是我所谓的"自信的心态"。

培养自信的心态

在学术研究中，自信的心态被称为"效能"，它包括个人效

第七章 精神力量：心中的奶昔

能和团队效能。[4]

个人效能（Self-efficacy）是对自己有能力应对各种压力或挑战，并取得成功的信念。个人效能和职业倦怠中的精力耗竭以及玩世不恭这两个维度呈现负相关，与个人成就呈现正相关，它会使你更有可能将自己的工作要求视为积极的挑战和动力。[5]个人效能高的人更有可能坚持不懈，制定出有意义的个人行动方案，并甘愿冒一定风险，去完成具有挑战性的目标。[6]

效能并不只存在于个人层面上，对团队来说同样如此。团队效能（Team-efficacy）是团队对执行任务的能力和出色完成任务的共同信心。高度自信的团队更有可能积极地投入到工作中去，成员彼此主动沟通。当团队的努力未能快速见效或遇到阻碍时，他们能坚持下去，并表现出极高的复原力。[7]此外，在高度自信的团队中工作的专业人员情感衰竭的可能性也较低。[8]团队遇到的挫折和失败也不能被忽视，因为逆境也是团队效能的重要来源。[9]

效能通常与具体的工作有关。你可能对工作中的演讲非常自信，对减肥却不那么自信。类似地，你的团队可能对设计新软件非常自信，但对彼此间进行艰难的对话并不自信。不过，关于效能的好消息是，它是滚动式增长的。当你学会了

091

新技能、克服了新挑战之后，你对自身技能水平的信念通常都会增强，从而永久改变你对自己（和你的团队）的能力大小的信念。

个人效能和团队效能都是通过以下步骤、以同样的方式建立起来的：[10]

第一步：选择一项需要提高的技能或能力，并设定一个目标

你首先需要选择一项你本人或你的团队需要提高的技能或能力，然后设定一个具体的目标。表7.1列出了你可能需要提高的技能类别。

表7.1 需要提高的技能类别

个人效能	团队效能
感受幸福的能力	沟通
领导力	团队成员互相熟悉
商业拓展能力	开发资源
时间管理能力	信任
演讲能力	庆祝成就/表达感谢
建立良好的人际关系的能力	工作动力

在这一步中，你要提高的技能越具体越好。例如，领导力就是一个非常广泛的能力集合，如果你想提高领导力，那么你想提高领导力的哪个方面？同样，如果你希望团队在沟通

第七章 精神力量：心中的奶昔

方面做得更好，那么你们需要在沟通的哪个方面予以改进？是有效的倾听，给予反馈，接收反馈，还是更擅长进行艰难的对话？

第二步：使用一种或多种途径来提高你选定的技能

当你选定了一种需要提高的技能或能力，并设定了目标以后，接下来就需要去实现它。以下的每一种途径都可以帮助你和你的团队实现目标，但有些途径比其他途径更有效。下面这些途径是按照有效性排序的（从最强到最弱）[11]。

途径1：边干边学（最有效的做法）

提高效能最好的方法是不断练习要提高的技能。根据你在第一步中选定的技能，列出你或你的团队通过实践来提高这项技能的具体方法。

假如你想提高演讲水平，那么你可以就近参加全国演讲协会的分会，或者在行业会议上发言，或者自愿主持下个月的团队会议。

途径2：通过观察别人的做法来学习

观察别人或别的团队在你想要提高的技能上是怎么做的，这也是很有效的方法。

- 谁是这方面的榜样？

- 你想要观察的是哪些具体的行为？

- 你将如何做到这一点？

我们仍以提高演讲水平为例。你可以观察你最喜欢的 TED 演讲，看看演讲者是如何在演讲中融入笑点或故事的，或者你也可以在下次工作会议上记下你最喜欢的演讲者的风格。我辅导的一位客户布拉德希望提高他向团队提供反馈的能力。当我们谈到这一途径时，他很快想起了一位他认为非常善于提供反馈的老板。他决定就反馈风格问题"采访"这位老板，并将学到的一些策略纳入自己的技能当中。

途径 3：在可靠的、受人尊敬的老师的指导下，学习这项技能

你可以告诉老师自己的做法，并从老师那里获得反馈。这是提高效能的第三种途径。

- 你想从谁那里获得反馈？

- 你会如何寻求帮助或指导？

你可以就自己最喜欢的话题录下一段 5 分钟的演讲，然后给你最信任的朋友看，以获得反馈。你也可以聘请专业教练给你一些建议。

并非所有的途径都适用于你或你的团队想要提高效能的领域。在我的一个研讨会上，一个学员决定提高自己的睡眠效率。他通过"边干边学"很快就做到了这一点,完成了他制定的尝试新睡眠习惯的具体目标。而其他两种途径(观察别人睡眠或者从别人那里获得对自己睡眠模式的反馈)则很难实现——对于他自己的睡眠模式,谁又能给他反馈呢?如果你发现在你或你的团队想要提高效能的领域里,发生了同样的事,那么你就要去寻找其他能实现该目标的最好途径。

在获得精神力量方面,还有很多其他的重要技能,它们都始于你自己和你的团队的自我意识的觉醒。从这里开始,你才能够进行面向行动的思考,并避免杯弓蛇影式的思维。但首先,你要知道哪些因素会削弱你以及你的团队的精神力量。

哪些因素会削弱你的精神力量

下面都是一些削弱精神力量的常见因素。[12]如果下列清单中有 1 条或 3 条与你的情况相符的话,那么为了保持自己的精神力量,你就要多付出很多努力:

1. 你的处境不明朗。
2. 你的压力很大,精力不足。
3. 你是第一次做某件事。
4. 你珍视的东西处于危险之中。

请和你的团队一起讨论这个问题。如果你知道方向不清晰会导致大多数团队成员匆忙做出决定并承受压力，那么你就应该更有意识地确保自己的指示是透明的和清晰的。

面向行动的思考

在增强精神力量、克服职业倦怠方面，最有用的策略都是基于认知行为科学的策略。[13]在美国陆军的复原力训练中，主要练习的都是这些策略。

下面介绍的这些步骤可以帮助你和你的团队应对经常面临的复杂挑战。[14]如果你或你的团队在处理挫折或挑战时陷入了困境，你就可以按照这些步骤逐一进行。

·**控制**：在这次的挫折和挑战中，哪些方面是你可以控制或影响的？

·**资源**：你有哪些资源可用？哪些人可以帮忙？你以前有过类似的经历吗？如果有，你那时做了什么？

·**不利影响**：你可以做些什么来减少这一挫折或挑战造成的潜在不利影响？你可以从中吸取什么教训？

·**有利影响**：它能带来什么潜在的好处呢？它会给你或你的团队带来什么机会？

·**行动**：短期内你可以采取哪些行动？长期呢？你需要制

订什么样的计划？今天你能开始做哪些事？

即使是精神力量最强的人也有可能陷入杯弓蛇影式的思维陷阱。我想分享的最后一个技巧就是如何避免这种僵化的思维方式。这是我教授的最受欢迎的技能之一。

避免杯弓蛇影式思维

所谓杯弓蛇影式思维（Worst-case scenario thinking）[15]指的是，只要遇到压力或挑战，你会在5分钟内脑补出一个故事：自己最终落得在河边的一辆货车里了却残生。[像不像《周六夜现场》(Saturday Night Live)节目里的某个场景？]当你陷入这种思维模式时，你的想法通常有两种形式：一种是螺旋式下降（一个杯弓蛇影式的念头引发另一个，然后另一个，最后形成一个越来越坏的结局）；另一种是发散的想法（你的大脑随机想出许多最坏的情形，这些情形之间并没有任何特定的联系）。

重要的是，让你感到压力的事情不一定是大事。当我第一次受到邀请，为士兵们培训复原力的时候，我感到很紧张。我对军队不了解。作为一名前律师，我担心士兵们会轻视我。此外，教官们也让我害怕，因为我对他们的所有了解都来自我在电影里看到的东西，他们似乎很严厉。在培训开始的前一晚，我们的培训团队为学员们举办了见面会。当 180 名士兵在宾夕法尼亚大学校园喜来登酒店的地下室里列队时，我扫视房间，希望能找到一些"看起来友善"的士兵。我选中了其中两个人，走上前说："嗨，我是宝拉。欢迎参加培训。你是做什么的？"其中一个士兵冲着我高喊道："是！我是 36 德尔塔、探路者，这是我的战友，他是 68 威士忌，女士！①"我差点惊掉了下巴，拼命想把他的话翻译成普通的英语。那一刻让我很沮丧，我立刻开始想象未来的灾难。

对你造成压力的事情有很多种表现形式，比如叫错了重要人物的名字，或者收到老板发来的一封简短的电子邮件，上面写着："马上来见我。"其他产生压力的事情可能是工作太多——甚至是太少。当然，新冠疫情产生了一系列新的压力源。比如在工作和照顾在家上课的孩子之间取得平衡。

图 7.1 是平衡你的思维的几个步骤（从左至右）；表 7.2 是我和学员们见面后的思维过程。

---

① 这个士兵说的是他们的军事职业类别代码（MOS）。36 德尔塔（36 Delta）指的是财务管理技术员；"探路者"（Pathfinder）指的是军队中的一个角色，通常与导航和侦察有关。68 威士忌（68 Whiskey）通常指代战地医生或医疗保健专家。——译者注

第七章　精神力量：心中的奶昔

```
写下你所有最糟糕的想法
（恐怖片）
→
编一个同样不太可能但有着好结局的故事来提升积极情绪
（迪士尼动画片）
→
在只考虑事实的情况下列出最有可能的结果
（纪录片）
```

图 7.1　平衡思维的步骤

表 7.2　我和学员们见面后的思维过程

最糟糕的结果 （恐怖片）	最好的结果 （迪士尼动画片）	最有可能的结果 （纪录片）
・我还没开始上课就会被解雇。 ・士兵们会轻视我。 ・培训结束后我会因为差评而被解雇。 ・我不得不回去接着做律师。	・士兵们会给我的培训课打出最高的分数。 ・我会得到升职，在下次培训时负责整个项目！	・在这个培训周后期，我还将继续进行这些谈话。 ・我需要为这次培训做更充分的准备。 ・我会有点紧张——我需要为这些情绪做好准备。

最终，我的行动计划是这样的：

・复习我收到的培训课的材料，复习美国陆军使用的缩略语。

・与培训团队其他同事交谈，获得建议并进行一些练习。

099

・对自己多一些宽容——你正在开始一份新工作，正在学习一门新语言！

对于一个积极进取的、具有复原力的团队来讲，精神力量是一个重要却往往被忽视的方面。当面对复杂的、高风险的任务时，你必须能从多个角度评估自己遇到的挑战，创造性地灵活思考。同时，精神力量也是一种宝贵的活力来源，而下一章的主题就是活力。

需要记住的要点

1. 精神力量对你和你的团队如何处理压力有着巨大的影响。
2. 个人效能和团队效能代表了你对自己的能力或集体能力的信心，认为你们有能力应对各种各样的压力。
3. 有些因素会削弱你的精神力量。当碰到这种情况时，你可以使用面向行动的思考来摆脱它们。
4. 杯弓蛇影式思维会阻碍你和你的团队采取有目的的行动并完美地执行它。不过，利用一种简单的过程，你可以认识并改变这种思维模式。

第八章
领导力与活力：应对压力

良好的领导力会对你的团队能否克服职业倦怠起到至关重要的作用。在新冠疫情期间，这一点在医疗行业尤其重要。米歇尔·费根（Michele "Micki" Fagan）是纽约市迈蒙尼德医疗中心（Maimonides Medical Center）的一名急诊室医生。2020年初，她发现自己站在了抗击新冠疫情的第一线。当我请她思考导致团队职业倦怠的原因、工作的意义、在医疗行业中优秀的领导者是什么样子，以及如何应对巨大的压力时，她强调了这几件事：非防御性沟通，及时复盘，互相沟通，承认失败并从中吸取教训，优先照顾好自己。其中很多都是本书的主题。[1]

不过，让我印象深刻的是她的同事克里斯汀·里兹卡拉（Christine Rizkalla）对上述同样问题的回答。[2] 她没有给我举新冠疫情的例子，而是讲了发生在2019年的一件事。她当时是迈蒙尼德医疗中心儿科急诊室的主治医师兼项目部副主任，她的团队正在处理一起婴儿死亡事件。她问新来的医生："你们以前见过这种情况吗？"他们开始哭了起来。她说，人们一直有一种成见，认为医生必须在情感上和病人保持一定的距离，这样才能随时转向下一个病人，提供良好的服务。她说："这是不现实的，你永远不会习惯这种做法。"

开诚布公地谈论压力，谈论身为领导的艰难时刻、工作中的困难，以及目睹患者的创伤和家属失去亲人后，医疗工作者表现出的人性，都有助于她成为一名更好的领导者。她的真性情吸引了其他医生，他们都愿意与她合作。她说，"展示你人性的一面"从来没有像现在这样重要过。

在指导团队应对压力时，有许多不同的方法。根据我的发现，克服职业倦怠的过程始于良好的领导力和活力（Energy），也就是PRIMED模型中的"E"。

践行领导力的5个关键做法

在指导团队和团队成员应对压力方面，领导力是最重要的因素之一。糟糕的领导者会耗尽团队的活力，造成员工在工作中不投入、缺勤和离职。这些成本再加上随后招聘和培训新人的成本，可能会给一个组织带来数百万美元的损失。然而，在

第八章　领导力与活力：应对压力

我的工作中，我发现组织机构在解决不称职的领导者方面行动非常缓慢。原因通常是相似的：已经和他们"谈过了"，"这就是他们的领导方式"，或者他们"能带来很多钱和客户"。但是，不解决领导者的问题，是解决不了职业倦怠的问题的。

不管你是否意识到，领导者的职业倦怠是显而易见的。在一项研究中，团队成员对于职业倦怠率较高、职业成就感较低、自我照顾能力较差的领导者的评价较低，认为他们不能胜任工作。而对于那些能更好地指导员工应对压力、获得成就感的领导者，团队成员的评价较高。[3] 幸运的是，领导者可以通过加强以下5个做法来预防职业倦怠并提高团队的效率：[4]

1. 让团队成员随时知道发生了什么（**告知**）；

2. 鼓励团队成员提出改进意见（**参与**）；

3. 定期进行职业发展对话（**培养**）；

4. 定期提供反馈和指导（**激励**）；

5. 表扬工作出色的人（**认可**）。

解决领导角色和生产角色之间的冲突

尽管上面这5个做法看起来很简单，但由于领导角色和生产角色之间的冲突，领导者很难做到（甚至关注）这些事。随着一个员工资历的增长，他很可能在继续承担生产任务（服务客户或者完成技术工作）的同时，更多地承担起领导者的责任，组织团队并发展业务等。在这个时候，就会出现领导角色和生产角色之间的冲突。[5] 从个人贡献者转变为团队的参与者和领导者，需要人们投入更多的时间、精力以及思考，才能保证团队的健康运作。当生产角色的压力增大时，人们可能就会忽略领导角色的责任。这里有几个策略可以帮助你解决这种冲突：[6]

· 把你的生产角色的任务委派出去，然后不断检查，并和你委派的人一起制定一个时间表。

· 弄清楚自己有什么资源，是否需要增加或者寻找更多的资源（参见第九章中的方法）。

· 制订一个计划，列出最重要的目标，然后决定优先采取哪些行动来实现这些目标（进行辅导时的一个很好的切入点）。

· 建立一套支持网络。当你的工作偏离轨道时，谁会告诉你这个坏消息？

· 留出反思的时间。

· 了解自己的"冰山"（或内心法则）。

两种方法监控压力

对于领导者和团队来说，随时监控压力是很重要的。因为如果领导者或团队成员产生了职业倦怠，或者团队本身的业绩

第八章　领导力与活力：应对压力

不好，压力是会相互传染的。其他团队成员也可以感受到职业倦怠或冲突带来的情绪变化。在职业倦怠程度很高的团队中工作，员工们逐渐都会产生筋疲力尽的感觉，对待工作越来越消极。[7]人们需要快速地知道自己的压力有多大，以及是不是在积极地应对这些压力。下面提供两种方法。

方法一：如果你想知道自己感觉到的仅仅是压力还是职业倦怠，可以做个小测验。研究人员已经确定，可以用一个普遍适用的问题来快速测试自己的压力水平。[8]这个问题是一个主观问题，只能作为理解和评估职业倦怠的一个切入点：总的来说，根据你对职业倦怠的定义，你如何评价自己的职业倦怠程度？

程度1：我喜欢我的工作，我没有任何职业倦怠的迹象。

程度2：我偶尔会感到压力，精力也不像以前那么充沛了，但我没有感到职业倦怠。

程度3：我肯定是职业倦怠了，并且有一种或多种职业倦怠的症状，比如身心上的疲惫。

程度4：职业倦怠造成的症状在我身上持续存在。我在工作中总是感到沮丧。

程度5：我完全陷入职业倦怠，常常怀疑自己是否还能坚持下去。我可能需要做出一些改变，或者需要寻求某种帮助。

方法二：你可以采用的另一种方法是确定自己在工作中是否表现得积极主动。回忆一下，积极主动的精神包括3方面的内容——活力、学习和成长。要确定你在团队中、在工作中或者在某个项目中是否在积极地工作，你可以问自己3个问题：

1. 我从这份工作中感受到活力了吗？
2. 我从中学到了什么？
3. 我还在继续成长和发展吗？

活力至关重要。积极的情绪和消极的情绪一样具有传染性。它可以产生积极的结果，比如减少冲突，增加员工之间的合作。[9]然而，人类偏爱消极的东西——我们天生就会注意、寻找和记住消极的事件和信息，消极的信息传播得更快。[10]因此，领导者和团队需要训练自己注意、寻找和记住积极事件和信息的能力。积极的情绪具有强大的力量，可以帮助你的团队获得良好的业绩，创造性地思考，保持复原力，并且克服职业倦怠。[11]人们已经证明，团队的积极情绪是团队复原力的重要前兆。[12]

从小事做起

谈到在工作中保持能量和活力，你必须认认真真地从小事做起。[13]你和你的团队如果想要创造活力，获得动力和积极的

第八章　领导力与活力：应对压力

情绪，最重要的就是在工作中取得进展。

虽然赢得一个重大项目，获得一项研究拨款或者取得重大突破都是很好的事情，但这些事情并不经常发生。经常发生的是一些小的里程碑和小的胜利，往往是这些小的胜利一步步推动了后面巨大的、积极的结果。工作上的进展带来的另一个美妙的副产品是你和你的团队的效能。小的胜利会让你相信自己走在正确的道路上，并且有能力完成你和你的团队设定的目标。你可以为团队提供他们所需的帮助，以及人际关系方面的支持，以确保他们每天都在进步。帮助团队取得进步的因素有（也就是本章和其他各章涵盖的主题）明确的目标、足够的自主权、足够的资源，完成工作的充足时间，来自领导的鼓励和认可，以及当你在项目中遇到困难或挑战时可以求助的人。

了解你的"冰山"

所谓"冰山"，指的是你的核心价值观和信念，是你对世界运行方式的看法。它们会阻碍你的有效领导力、应对压力的能力和优先考虑自己福祉的能力。[14]"冰山"同时存在于个人层面、团队层面和组织层面。花点时间想象一座冰山——露出水面的只是一小部分，绝大部分都隐藏在水面之下。你的核心价值观和信念经常在你的意识之外运作（隐藏在水面之下），但在某些情况下，可能会露出水面。回想一下你对某件事反应过度（或反应不足）的时候，或者注意到一件经常引起你痛恨的事（对我来说，是在快车道上慢行的司机），或者发现一件事在几天后还让你耿耿于怀的时候。这些都是暗藏的冰山浮出水面的迹象。

下面是一些"冰山"的例子：

· 我必须一刻不停地盯着，否则事情就会出错。

· 我必须知道所有事情的答案。

· 如果我不能把一件事做得完美，我就不应该去做。

· 如果想把事情做好，非得亲自动手不可。

· 失败是软弱的表现。

· 强大的人不需要帮助。

我把"冰山"称作你的"内心法则"。在这些内心法则里，通常包括"总是""从不"或"必须"等词。因此，你的内心法则可能缺乏足够的灵活性，使你无法采用自己希望的方法获得良好的人际关系。对你来说，让你的内心法则浮出水面很重要。一旦它们浮出了水面，你就可以通过以下问题来评估它们：

· 这条法则是有益的还是有害的？它让我离目标更近了还是更远了？

· 这条法则是否过于严格或过于僵化？

第八章 领导力与活力：应对压力

- 这条法则是何时形成的？怎么形成的？
- 我如何重塑这条法则，使它更加灵活？

凯莉是我辅导的一个客户。她是一位高级主管，手下有12名直接下属。当我们交谈时，她讲述了自己的一条内心法则："你必须始终对客户做出迅速的回应。"对她来说，这意味着必须在几个小时内回应客户的需求，而且始终如此。她意识到这条法则使她更偏爱那些能够迅速做出回应的团队成员，而对那些回应较慢的直接下属则产生了负面看法。我鼓励她把团队成员聚集在一起，共同决定在多长时间内回应客户合适。这样做，让整个团队都有发言权，也能让她重塑并放松这一她加于团队之上的内心法则。

如果你的团队有很强的心理安全感，我鼓励你们互相谈论各自的内心法则。

从职业倦怠中恢复

费根医生一开始联系我是因为她想知道，当她手下的医生们问她"我能做些什么来克服职业倦怠"时，她应该怎么回答。从职业倦怠中恢复，就像预防职业倦怠一样，需要认清导致职业倦怠的所有原因。同时，恢复的方式也和职业倦怠的程度有关。下面是一些建议：

作为个人

从轻微的职业倦怠中恢复过来： 忙碌的职场人士会有一系列的习惯，影响他们从职业倦怠中恢复过来。他们不擅长说"不"，不擅长开口寻求帮助，他们对成功的定义通常非常狭隘，过分依赖工作中的成就来获得自我价值。[15]我没有再次陷入职业倦怠的部分原因是，我明白了自己是什么样的人。我明白了自己的"冰山"（内心法则）是如何让我无法休息的。我明白了哪些事情和压力会让我陷入杯弓蛇影式思维，会浪费我的精神力量。我改进了某些技能，使我能更好地应对压力。比如，我现在可以进行艰难的对话了，而不再为是否会伤害对方而烦恼，徒然浪费自己的精力。这些都提高了我的效能。我很清楚自己的价值观，因此对不符合自己价值观的事情说"不"更容易。虽然开口求助永远无法让我觉得理所当然，但我现在变得更善于寻求帮助了。而且我已经放宽了自己的完美主义标准。这些都是你必须下功夫去做的事情，只有这样，才能从职业倦怠中真正恢复过来。是的，你必须把更多的事情交给别人去做，优先考虑自己的健康，并划清边界。但除非你已经找到了自我意识的基础，否则这些事情可能都无法坚持下去。

从严重的职业倦怠中恢复过来： 如果你像我一样，需要从严重的职业倦怠中恢复过来，你可能还需要更多的帮助和更深入的对话。当年，我的职业倦怠变得越来越严重，我很后悔没有及时去找心理专家来治疗我的焦虑。如果你正在经历焦虑、抑郁或其他精神健康/药物滥用问题，请一定要寻求专业的帮助。此外，你还可能需要认真地思考一下，自己是否正在一个合适的团队、合适的部门、合适的组织，甚至是合适的行业内工作。

作为领导者

团队和组织内部是否会出现职业倦怠，很大程度上和领导者有关。因此，作为领导者，你必须了解什么是职业倦怠，并注意它是如何在你的团队中出现的。克服职业倦怠取决于你如何在团队中创造出更多的心理安全感，识别那些干扰你有效领导的"冰山"（内心法则），确认是否采用鼓励支持型的领导力风格，是否优先考虑员工的基本心理需求，并认可团队成员的出色表现。即使你什么都不做，只做到我上文提到的那5个关键做法，也会有所帮助。最近我在一个研讨会上讲课时，一位副总裁对他的团队说："我知道我们的团队现在人手不足，而且我们的工作量也在不断增加。在接下来的几个星期里，我会花时间做个计划，为你们在明年找到更多的资源和帮手。"我恨不得穿过电脑屏幕去拥抱他。因为我从来没有听过一个领导者说过这样的话。这是非常必要的！

个人和领导者的压力来源有很多。个人职业倦怠的部分原因是他们自己的人格特质，但工作环境也起着很大的作用。所以，我对费根医生的回答是：就像你对病人说的那样，把症状治好只是一个开始，要真正解决问题，我们还必须从根本原因入手。个人、领导者和团队都在其中扮演着重要的角色。

需要记住的要点

1. 领导者可以通过5个关键做法，提高他们的团队应对压力的能力。

2. 当专业人士需要承担更多的责任时，他们需要意识到并处理好领导角色和生产角色之间的冲突。

3. 为了克服职业倦怠，你必须通过测试来了解自己的压力水平，并确定自己是否在积极地应对它。

4. 小的胜利和突破可以为你的团队带来持续的动力和能量，必须定期地谈论它们。

5. 你的"冰山"（内心法则）对你的领导方式和应对压力的方式可以造成积极或消极的影响。

6. 帮助人们从职业倦怠中恢复需要一个系统性的、整体性的工具和框架。

9

第九章
设计：如何实现积极的变革

团队的工作步骤、规则和任务流程决定了团队成员会积极进取还是容易陷入职业倦怠。劳拉是一家大型保险公司的律师，我在一次演讲前采访了她。我本来想问一些关于职业倦怠的问题，但她对自己的工作非常满意，所以我改变了问题。我更多地问她是什么让她每天都感到如此快乐，感到有很多人都在支持她。在进入法学院深造之前，劳拉做了9年的家庭主妇。从法学院一毕业，她就进入一家公司的法务部门工作（这在法律行业并不常见，因为公司的法务部门通常会雇佣至少有几年执业经验的律师）。

"我的工作非常繁杂，"她告诉我，"我认为，总体而言，公司内部的法务工作涉及许多方面。在我工作的9年里，公司多次要求我更换负责的领域。我愿意相信，公司这么做是因为我的适应性很强,能够迅速成为一个领域里的专家;还因为我可以很容易地与不同类型的人/客户建立起关系。这意味着我真的没机会感到无聊。如果我觉得需要一些挑战,我会要求去尝试一些新的东西或参加一个新的项目。另一个让我感到满意的地方是来自领导的认可和鼓励。"

你是否能设计出一种团队文化,让每个人在工作中都能获得劳拉那样的感觉呢?答案是肯定的。PRIMED模型中的最后一个字母"D"代表的就是"设计"(Design),它是工作中的一个重要方面,决定了你的团队成员是否具有复原力和动力,是否会陷入职业倦怠。[1]这些工作设计包括去仔细检查工作任务和工作岗位的结构,以及某项工作会如何影响员工的体验。不同的设计会增强或削弱团队以及个人的幸福感。[2]重要的是,这一过程要发挥每个团队成员的优势,把所有人都囊括进来,让每个人都对结果负责。只有这样,这些调整或改变才更有可能坚持下去。此外,还要循序渐进,不要一次性地改变整个团队的工作安排。要专注在显而易见的小事上。

第一种实现积极变革的方法是,团队可以通过3种方式重新设计他们的工作。首先,团队可以在找到并依靠自己现有资源的情况下,做出简单的调整。在这部分内容中,我还会向你介绍这些工具在哪些时候可以用在个人层面。

第九章　设计：如何实现积极的变革

找到并依靠现有的资源

团队层面

在防止职业倦怠方面，你可以把精力更多地放在创造工作资源而不是削减工作要求上。[3] 业绩好的团队可以找到充足的工作资源。他们知道去哪儿找资源，并能充分利用这些资源。当团队拥有足够的资源时，这就表明他们的工作是重要的、有价值的。当我说"资源"的时候，你想到了什么？当我向团队问这个问题时，通常得到的回答是，那些为了保证他们做好现在的工作所需的资金、人员、技术或设备。但具有复原力的团队在拥有有形资源的同时，还拥有无形的资源，比如领导和同伴的支持，情感资源，以及对目标的共识等。[4]

除了第一章中列出的工作资源外，下面这个清单将帮助你发现团队在保持复原力和防止职业倦怠方面可以依赖的其他资源。

· 找出你工作中会重复进行的部分。这些步骤/说明/流程是否可以制作成模板，以便于访问和共享？

· 从别人遇到的挑战，也就是别人的故事中吸取教训。别人或别的团队的故事，有助于你获得情感资源，特别是积极的情感资源。这些故事是从哪儿来的？[5]在我为道明银行（TD Bank）工作期间，法务和运营团队的5名成员每人录制了一段3分钟的视频，解释他们如何成功地克服了工作上的挑战。我发现，克服挑战的故事总包含着积极的情感。其中一位律师把自己想象成橄榄球队的四分卫。作为一名主管，她说："我的职责就是要向员工展示坚韧的、不抱怨的态度，提高团队的精气神儿，努力培养他们积极向上的精神。我已经学会了直面我们的挑战……表现出一定的谦逊，从而提升复原力。"

· 了解彼此的长处和团队的价值观。这些价值观是如何起作用的，违反了又会如何？你如何将这些价值观传授给新的团队成员？

· 在组织内部找到那些能够帮助你的团队做好工作的人员。例如，我曾与一些团队交谈过，他们竟然不知道组织内部有市场人员可以帮助他们传递信息。

· 利用你已经建立的（或者需要建立的）外部合作伙伴关系。这些合作伙伴可以帮助你的团队更有效率地工作。

· 在你的团队中提倡学习文化。团队成员有哪些培训和发展的机会，他们是否意识到了这些机会？

· 让某个人负责监控你们行业的动向，尽早发现一些问题的迹象。

·当工作遇到困难时,你们之间会如何互助。

个人层面

如果你正在经历工作或生活中的任何挑战、变化或挫折,你可以列出自己的个人资源清单,这样可以提高你的复原力,并帮助你克服职业倦怠。[6]这是我在研讨会上和我指导客户的过程中经常使用的一些方法。思考以下这些问题:[7]

·你可以向哪些人寻求帮助?

·你的优势是什么?你能如何利用这些优势?[8]

·你有哪些经济上的资源?

·你的希望源自哪里?

·你以前有过类似的经历吗?如果有,你能从那次挑战中学到什么?你知道有谁也经历过同样的挫折吗?这个人可以帮到你吗?

·这一挑战为你打开了新大门吗?

欣赏式探询

第二种实现积极变革的方法是欣赏式探询(Appreciative inquiry)。欣赏式探询是一个框架,它包括4个步骤,称为4D模型:发现(Discovery)、梦想(Dream)、设计(Design)

和命运（Destiny），我把最后一个步骤改成了"交付"（Deliver）。[9]欣赏式探询基于的假设很简单："每个（团队）都有一些自己的优势，这些优势可以成为积极变革的起点。"[10]

下面是我指导的一个团队采用这4个步骤实现积极变革的案例。走完整个流程需要的时间不同（有时需要好几天），但我希望缩短这个流程，在一两个小时内完成它。我指导的这个团队隶属于一家大型金融公司，他们在这家公司中发挥着重要作用。这个团队希望在公司中获得更大的影响力。

发现：对你的团队来讲，什么是最重要的

一开始时，我们总是要询问这个问题："什么是最重要的？"因为不同角色和职能的人对什么是最重要的事情有不同的看法，在这一步中你要了解所有人的看法。我指导的这个团队分享了他们认为最重要的东西：信任（也就是团队成员共享核心价值观，以及他们彼此守护，实现对这一价值观承诺的意愿）；对彼此和整个团队的信心；干得开心；在公司内建立起良好的团队形象和声誉；合作；履行使命；重视多样性和不同观点；乐于分享。

对于这些重要的事情，团队成员要能举出具体的例子，否则就变成了一纸空谈。这个团队谈到了他们在一些项目上互相

第九章 设计：如何实现积极的变革

支持，从不同的角度提出各自观点的事情，以及他们利用现有的全球性资源出色地完成了一个项目的事情。

梦想：你希望自己的团队变成什么样子

这个团队已经知道什么是最重要的了，而且已经有了具体的例子，现在，他们可以进一步谈论他们希望团队变成什么样子了。对于这个团队来说，成为他们公司中最值得信任的团队是很重要的。他们希望通过改变，成为一个在项目、愿景和协调性方面更加清晰的团队。为了做到这一点，他们希望把专业知识的提升、教育、领导力的培养以及技能的打造放在优先位置。此外，这个团队开始变得庞大，他们不想在不断变化和工作量增加中失去原有的核心价值观。为了实现这一目标，他们认识到自己需要更多的多样性，更清晰的结构，团队成员之间以及和其他团队之间需要更清晰的期望和界限。

设计：怎样从现在的位置走向梦想中未来的团队

团队需要知道他们如何从 A 点（他们现在的位置）走到 B 点（他们梦想中未来的团队）。我指导的这个团队意识到，要想获得更大的影响力，他们需要让自己团队的使命更加清晰，在公司内部更加突出他们团队的专业知识，以及他们带来的价值。

这一点一直比较模糊，因此其他人对他们的团队有负面看法。他们意识到，团队需要争取高层盟友来帮助他们传递信息。接着他们又意识到，团队需要调整培训材料，向团队里的新成员解释这些目标的优先级。

在这个过程中，不能忽略团队碰到的障碍。这个团队在公司内部扮演着战略性角色，他们管理和处理着高层次的敏感信息。他们意识到，由于他们的工作性质，公司内部的其他团队可能会将他们视为障碍。不可预测的工作流程也让他们的工作变得困难。之所以有这个问题，是因为他们的很多工作需要独立完成，但由于工作的地理位置分散，导致他们在专业问题上彼此帮不上忙。

交付：哪些是你真正愿意做出的改变（关注显而易见的小事）

这就是团队需要关注那些显而易见的小事的地方，只有这样才能实现在前面步骤中定出的目标和想法。这个团队决定创建一个团队内部网站，有门户入口和登录页面。网站里面包括团队成员的介绍、澄清常见误解的页面、常见问题的回答、成功案例、团队使命和"合作伙伴"页面——从这里可以更多地了解合作伙伴的信息。团队成员在这个网站上分享他们的个人故事，与同事非正式地交流。这让人觉得他们更透明、更真实，不会对他们抱有先入为主的恶意。他们还回顾了以往向其他团队发送的信息。有些信息表述不到位，还有的信息内容不清晰。创建模板将帮助他们收集重复的信息，并使他们有可能更快地响应请求。

正像你看到的那样，这个团队制定了一些具体的行动步骤。每个团队成员都负责其中的一部分，为整体的结果添砖加瓦。

个人层面上的欣赏式探询

你可以在个人层面使用欣赏式探询框架，在自己的生活或职业中做出积极的改变。你可以问自己以下这些问题：[11]

- 当你感到精力充沛、全身心投入时，发生了什么？
- 在工作和生活中，你想要怎样成长？
- 从现在的地方到你想要去的地方，你需要做哪些事？
- 你可能会遇到哪些障碍，将如何处理它们？
- 今天你可以做些什么让自己更接近未来的目标？

像幼儿园的孩子一样思考（和行动）

实现团队积极变革的最后一种方法是从心态入手，培养支持变革的心态。你可能在讨论变革的谈话中听到过"设计思维"

（Design Thinking）这个词。设计思维简单来说就是一种解决问题的过程。它可以帮助你生成选项，测试策略，并在做出积极变革的过程中为你提供反馈。关于设计思维，你可以在各种各样的书籍、课程以及播客中找到有用的信息。而在这里，我想向你介绍的是如何调整心态，以便更有效地进行重新设计。[12]

为了说明心态的力量，我最喜欢的例子是"意大利面条高塔顶棉花糖"的挑战。[13]这个挑战很简单：大约四人一组，每组拿20条干的意大利细面条、一大块棉花糖、一米长的绳子和一米长的胶带。他们的任务是在18分钟内建起一座尽可能高且能够独自站立的塔。唯一的规则是棉花糖必须能放在塔顶。这个挑战在不同情况下进行过很多次，有很多关于团队挑战结果的数据。我曾经让很多律师团队做过这个挑战，结果很有说服力。大多数团队都没有完成任务——他们甚至造不出一座能够独自站立的塔。而完成任务的团队，塔的高度几乎都远低于平均高度。下面是一些团队建造的塔的平均高度：

· 商学院学生组成的团队：平均高度不到10英寸（25厘米）。

· 律师团队：平均高度15英寸（38厘米）。

· 普通人组成的团队：平均高度20英寸（50厘米）。

· 由首席执行官组成的团队：平均高度22英寸（56厘米）。

第九章　设计：如何实现积极的变革

但是有一个群体的表现几乎总是优于其他的群体——一群幼儿园的孩子！他们建造的塔的平均高度是26英寸（66厘米）。为什么？他们就好像天生的设计师一样。他们具有的心态就是对做出积极变革至关重要的那些心态。

心态1：谦卑的好奇心[14]

有好奇心的人才会去探索。我和很多专家一起工作；这些专家为别人提供建议，收很多钱，告诉别人他们知道的事。这可能有助于人们的日常工作，但会阻碍他们实施积极的变革和开展重新设计。如果你要在团队中创造任何类型的持久性变化，无论大小，都首先要承认，你自己不知道答案，你需要问一些问题。和你的患者、你的商业客户、你的同事，以及团队中的成员谈话，并邀请他们和你进行更深层次的交流。多用一些"我不知道"或者"多跟我说说"这样的话，表明你希望学到更多的东西。好奇心有强大的力量。有好奇心的人往往喜欢深入的思考，更能容忍不确定性，并且不会轻易判断、批评或指责他人。[15]

心态2：多尝试

记住，每个团队只有18分钟的时间来完成挑战。大多数团队浪费了太多的时间讨论策略和搞清楚谁来当领导。从显而易见的小事上做起，比如问问题和交谈。比如，你的团队成员是

123

否要求在工作方式和地点上有更大的灵活性？尝试一下，看看会是什么结果。最令人沮丧的是，对于这件事，研究机构多年来的结论一直都很清楚。但团队和组织机构只是在疫情的逼迫下才弄明白了，让人们自由选择如何工作和在哪里工作，会极大地提高他们的投入程度和工作上的动力。[16]

心态3：随时准备进行调整

你的小实验经常会失败，或者至少需要调整，但这些经验教训为你提供了有价值的数据。团队经常会被他们的第一个想法吸引，但在后续的混乱中，往往会出现更好的想法和新的做事方法。当幼儿园的孩子们在做意大利面条塔时犯了错误后，他们的自尊心并不会受到伤害，也不会产生防御心理，他们只是会去尝试新的做法。具有复原力的团队可以快速调整：他们不需要经过3个委员会和12次会议才能决定一件事。他们采取行动（以一种让团队成员知晓的方式）并随时进行调整。

心态4：合作并寻求帮助

你不必全靠自己实现积极的变革，最好的想法通常会来自其他地方。实现积极的变革是一个和他人合作的过程，你应该充分利用团队的所有资源。此外，我还发现，对于想把设计成果坚持下去的团队来说，接受辅导（无论是对领导者的个人辅导还是对团队的辅导）都是一件很重要的事情。

第九章 设计：如何实现积极的变革

如果你的团队成员陷入了职业倦怠，那就说明你们的工作步骤、规则和任务流程出现了问题，或者必须进行调整。改变整个组织机构的文化是困难的，但如果领导者在团队层面专注于改变那些显而易见的小事，就会获得更大的影响力。

需要记住的要点

1. 通过一些简单的策略，你可以创造出一种积极进取的文化。这种文化可以帮助你的团队成员克服职业倦怠，获得积极向上的心态以及幸福感。

2. 具有复原力的团队非常清楚他们可以支配的所有工作资源，包括有形的资源和无形的资源。

3. 欣赏式探询可以帮助你和你的团队利用现有的优势，和你们已经做得很好的事情，设计出一个更加强大的文化。

4. 创造更积极的团队文化需要在心态上进行调整。了解这些心态，会帮助你在这个过程中获得更多的乐趣，也更有可能坚持下去。

尾注

引 言

1. *Taking Action Against Clinician Burnout: A Systems Approach to Professional Well-Being* (2019). 该报告获得广泛共识，发布机构：National Academy of Medicine. 访问日期：April 9, 2020, 网址：http://www.nationalacademies.org/hmd/Reports/2019/taking-action-against-clinician-burnout.aspx.

2. Marcus Buckingham & Ashley Goodall (May 14, 2019). The Power of Hidden Teams. *Harvard Business Review*. https://hbr.org/cover-story/2019/05/the-power-of-hidden-teams.

3. 同上。

4. Christine Porath, Gretchen Spreitzer, Cristina Gibson, & Flannery G. Garnett (2012). *Thriving at Work: Toward Its Measurement, Construct Validation, and Theoretical Refinement*. 33 Journal of Organizational Behavior 250-275. 亦参见：Anne-Kathrin Klein, Cort W. Rudolph, & Hannes Zacher (2019). *Thriving at Work: A Meta-Analysis*. 40 Journal of Organizational Behavior 973-999.

5. Stefan Razinskas & Martin Hoegl (2020). *A Multilevel Review of Stressor Research in Teams*. 41 Journal of Organizational Behavior 185-209.

第一章

1. 我对书中出现的部分人物、团队的名字和身份细节做出了调整。某些情况下，我会将采访过的一两个人的故事整合到一起。

2. Tait Shanafelt, Joel Goh, & Christine Sinsky (September. 25, 2017). *The Business Case for Investing in Physician Well-Being*. JAMA Internal Medicine, Special Communication, E1-E7.

3. 研究机构：Harvard Medical School，报告者：Leslie Kowh (May 7, 2013). When the CEO Burns Out. *Wall Street Journal*. https://www.wsj.com/articles/SB10001424127887323687604578469124008524696.

4. Laurence Bradford (June 19, 2018). Why We Need to Talk about Burnout in the Tech Industry. *Forbes.com*. 访问日期：April 20, 2019，网址：https://www.forbes.com/sites/laurencebradford/2018/06/19/why-we-need-to-talk-about-burnout-in-the-tech-industry/#7bd984901406.

5. 调查机构：American Federation of Teachers，发布年份：2015 年。

6. Career Satisfaction and Retention —White Paper (June 2014). eFinancial Careers Survey. https://finance.efinancialcareers.com/rs/dice/images/eFC-US-Retention-2014.pdf.

7. 个人通信记录，通信者：Maj. Lauren.A. Shure, Deputy Chief, Special Victims Counsel Division, United States Air Force, 日期：from October 2019 through early 2020.

8. Andrew P. Levin 等 (2011). *Secondary Traumatic Stress in Attorneys and Their Administrative Support Staff Working with Trauma-Exposed Clients*. 199(12) Journal of Nervous and Mental Disease 946-955.

9. Anna Goldfarb (March 26, 2019). Stop Letting Modern Distractions Steal Your Attention. *New York Times*. https://www.nytimes.com/2019/03/26/smarter-living/stop-letting-modern-distractions-steal-your-attention.html. 亦参见：Anna Goldfarb (April 8, 2019). Turn Off, Tune Out, Unlink. Then Get Some Work Done. *New York Times*, Smarter Living section, page B6.

10. *Taking Action Against Clinician Burnout: A Systems Approach to Professional Well-Being* (2019). 该报告获得广泛共识，发布机构：

National Academy of Medicine. 访问日期：April 9, 2020, 网址：http://www.nationalacademies.org/hmd/Reports/2019/taking-action-against-clinician-burnout.aspx.

11. Tait D. Shanafelt 等 (2010). *Burnout and Medical Errors Among American Surgeons*. 251(6) Annals of Surgery 995-1000.

12. 数据源自某大型法律事故保险公司的行政会议，2017 年 8 月。

13. World Health Organization (May 28, 2019). Burn-out an "Occupational Phenomenon"：International Classification of Diseases. 访问日期：February 1, 2020, 网址：https://www.who.int/mental_health/evidence/burn-out/en/.

14. Christina Maslach & Michael Leiter (2005). Stress and Burnout: The Critical Research，收录于：*Handbook of Stress, Medicine, and Health*, 第二版（编者：Cary L. Cooper）155-170. Boca Raton, FL: CRC Press.

15. Wilmar B. Schaufeli, Michael P. Leiter, Christina Maslach, & Susan E. Jackson (1996). MBI-General Survey. 您可以在以下网站购买马斯拉奇职业倦怠调查普适量表的使用许可：www.mindgarden.com。还有其他公开的、支持心理测量的量表，包括奥尔登堡倦怠量表（Oldenburg Burnout Inventory）和哥本哈根倦怠量表（Copenhagen Burnout Inventory）。

16. Arnold B. Bakker & Evangelia Demerouti (2017). *Job Demands-Resources Theory: Taking Stock and Looking Forward*. 22(3) Journal of Occupational Health Psychology 273-285.

17. Arnold B. Bakker & Evangelia Demerouti (2007). *The Job Demands-Resources Model: State of the Art*. 22(3) Journal of Managerial Psychology 309-328.

18. Arnold B. Bakker, Evangelia Demerouti, & Ana Isabel Sanz-Vergel (2014). *Burnout and Work Engagement: The JD-R Approach*. 1 Annual Review in Organizational Psychology and Organizational Behavior 389-411. 关于 6 个核心要求，亦参见：Michael P. Leiter & Christina Maslach (2003). Areas of Worklife: A Structured Approach to Organizational Predictors of

Job Burnout, 收录于: *Emotional and Physiological Processes and Positive Intervention Strategies Research in Occupational Stress and Well-Being.* Volume 3, 91-134. 亦参见: *Taking Action Against Clinician Burnout: A Systems Approach to Professional Well-Being* (2019). 该报告获得广泛共识，发布机构: National Academy of Medicine. 访问日期: April 9, 2020, 网址: http://www.nationalacademies.org/hmd/Reports/2019/taking-action-against-clinician-burnout.aspx.

19. Tino Lesener, Burkhard Gusy, Anna Jochmann, & Christine Wolter (2020). *The Drivers of Work Engagement: A Meta-Analytic Review of Longitudinal Evidence.* 34(3) Work & Stress 259-278.

20. 同上，275. 亦参见: Marc Van Veldhoven 等 (2020). *Challenging the Universality of Job Resources: Why, When and For Whom Are They Beneficial.* 69(1) Applied Psychology: An International Review 5-29.

21. Joel Goh, Jefrey Pfeffer, & Stefanos A. Zenios (2016). *The Relationship Between Workplace Stressors and Mortality and Health Costs in the United States.* 62 Management Science 608-628.

22. Jefrey Pfeffer (2018). *Dying for a Paycheck: How Modern Management Harms Employee Health and Company Performance-and What We Can Do About It* 46-47. New York: HarperCollins.

23. Michael P. Leiter & Christina Maslach (2000, 2011). Areas of Worklife Survey. 您可以到以下网站购买职场生活调查的使用许可: www.mindgarden.com.

24. Julia Moeller 等 (2018). *Highly- Engaged but Burned Out: Intra-Individual Profiles in the US Workforce.* 23(1) Career Development International 86-105.

25. Denise Albieri Jodas Salvagioni 等 (2017). *Physical, Psychological and Occupational Consequences of Job Burnout: A Systematic Review of Prospective Studies.* 12(10) PLoS ONE. 亦参见: Christina Maslach & Michael

Leiter (2016). *Understanding the Burnout Experience: Recent Research and Its Implications for Psychiatry*. 15(2) World Psychiatry 103-111.

26. 在解决这个问题时，对领导者进行职业倦怠概念的教育是重要的第一步，也是我工作的重要组成部分。

27. Mina Westman & Dalia Etzion (2001). *The Impact of Vacation and Job Stress and Burnout and Absenteeism*. 16(5) Psychology and Health 95-106.

28. Daniel S. Tawfik 等 (2018). *Physician Burnout, Well-Being, and Work Unit Safety Grades in Relationship to Reported Medical Errors*. 93(11) Mayo Clinical Proceedings 1-18.

29. 若要查询医疗保健行业的相关摘要，可参见：Tait Shanafelt, Joel Goh, & Christine Sinsky (September 25, 2017). *The Business Case for Investing in Physician Well-Being*. JAMA Internal Medicine, Special Communication, E1-E7. 亦参见：Maryam S. Hamidi 等 (2018). *Estimating Institutional Physician Turnover Attributable to Self-Reported Burnout and Associated Financial Burden: A Case Study*. 18(1) BMC Health Services Research 851.

30. *Supra* note 18 Bakker, Demerouti, & Sanz-Vergel at 397.

31. Tait D. Shanafelt 等 (2016). *Longitudinal Study Evaluating the Association Between Physician Burnout and Changes in Professional Work Effort*. 91(4) Mayo Clinic Proceedings 422-431.

32. *Supra* note 2 at E3.

33. *Supra* note 29 Hamidi 等.

第二章

1. Stephen Swensen, Andrea Kabcenell, & Tait Shanafelt (2016). *Physician-Organization Collaboration Reduces Physician Burnout and Promotes Engagement: The Mayo Clinic Experience.* 61(2) Journal of

Healthcare Management 105-127.

2. Tait D. Shanafelt & John H. Noseworthy (2017). *Executive Leadership and Physician Well-Being: Nine Organizational Strategies to Promote Engagement and Reduce Burnout.* 92(1) Mayo Clinic Proceedings 129-146.

3. 同上，142。

4. *Supra* note 1 at 105, 114.

5. 同上，109。

6. Christina Maslach & Julie Goldberg (1998). *Prevention of Burnout: New Perspectives.* 7 Applied and Preventive Psychology 63-74.

7. Michael P. Leiter & Christina Maslach (January/February 2015). Conquering Burnout. *Scientific American Mind.* 亦参见: Pascale M. LeBlanc 等 (2007). *Take Care! The Evaluation of a Team-Based Burnout Prevention Intervention Program for Oncology Care Providers.* 92(1) Journal of Applied Psychology 213-227.

8. Maria Panagioti 等 (2017). *Controlled Interventions to Reduce Burnout in Physicians: A Systemic Review and Meta-Analysis.* 177(2) JAMA Internal Medicine 195-205.

9. Wendy L. Awa, Martina Plaumann, & Ulla Walter (2010). *Burnout Prevention: A. Review of Intervention Programs.* 78 Patient Education and Counseling 184-190.

10. Kirsi Ahola, Salla Toppinen-Tanner, & Johanna Seppanen (2017). *Interventions to Alleviate Burnout Symptoms and to Support Return to Work Among Employees with Burnout: Systemic Review and Meta-Analysis.* 4 Burnout Research 1-11.

11. Tait Shanafelt, Joel Goh, & Christine Sinsky (September 25, 2017). *The Business Case for Investing in Physician Well-Being.* JAMA Internal Medicine, Special Communication, E1-E7.

12. Lizzy McLellan (February 19, 2020). Lawyers Reveal True Depth

of Mental Health Struggles. 访问日期：February 19, 2020，网址：https://www.law.com/2020 /02/19/lawyers-reveal-true-depth-of-the-mental-health-struggles.

13. 同上。

14. Martin E.P. Seligman (2018). *The Hope Circuit* 326. New York: Public Afairs（中文译本：《塞利格曼自传》，浙江教育出版社，2020年，庞雁译）。复原力训练师（Master Resilience Trainer，MRT）项目是宾夕法尼亚大学基于其创建并经过实践验证的一系列项目的基础上开发的，其中包括宾夕法尼亚大学复原力项目（PRP），以及一个名为 APEX 的平行项目。该项目融合了许多积极心理学的概念。至少有 19 项对照研究对宾夕法尼亚大学复原力项目进行了评估。尽管评估的结果有所不同，但这些研究表明，宾夕法尼亚大学复原力项目显著减轻了抑郁和焦虑的症状，并能协助项目参与者表现得更好。更为重要的是，通过包括长期随访在内的众多研究发现，宾夕法尼亚大学复原力项目给参与者带来复原力的影响能持续两年或更长时间。此外，对宾夕法尼亚大学复原力项目的研究还表明，接受过复原力项目培训的教师随后可以有效地教授他人关于复原力的相关技能，并为宾夕法尼亚大学开发的复原力训练师项目提供了有效的师资培养支持。如查询有关上述研究的支撑性文件，可参见：Jane E. Gillham, Karen J. Reivich, & Lisa H. Jaycox (2008). *The Penn Resiliency Program*（又名：Penn Depression Prevention Program and the Penn Optimism Program），非出版物，University of Pennsylvania; Jane E. Gillam 等 (1991). The APEX Project: Manual for Group Leaders. 非出版物, University of Pennsylvania; 亦参见：Karen Reivich, Andrew Shatté, & Jane Gillham (2003). Penn Resilience Training for College Students: Leader's Guide and Participant's Guide. 非出版物, University of Pennsylvania; and Steven M. Brunwasser, Jane E. Gillham, & Eric S. Kim (2009). *A Meta-Analytic Review of the Penn Resiliency Program's Effects on Depressive Symptoms*. 77 Journal of Consulting and Clinical Psychology 1042-1054.

15. 本段落中的所有信息，包括引用的文字，均出自：George W. Casey Jr. (2011). *Comprehensive Soldier Fitness: A Vision for Psychological Resilience in the U.S. Army.* 66(1) American Psychologist 1-3. 注意：该项目最初被称为"军人综合健康项目"；但随着该项目逐渐发展到培训军人配偶和其他家庭成员，它最终被更名为"军人和家庭综合健康项目"。

16. 您可以阅读以下内容，了解该项目的创建过程：Martin E.P. Seligman (2018). *The Hope Circuit* 311-327. New York: Public Affairs; 亦参见：Karen J. Reivich, Martin E.P. Seligman, & Sharon McBride (2011). *Master Resilience Training in the U.S. Army.* 66(1) American Psychologist 25-34; 此外，还可参见与西尔维娅·洛佩斯中校（Sylvia Lopez）的个人谈话，她目前是复原力训练师项目的成员。

17. 如需进一步了解，可访问美国陆军复原力指挥所网站的军人和家庭综合健康项目部分，网址：https://readyandresilient.army.mil/CSF2/index.html。

18. Paula Davis-Laack (2018). *From Army Strong to Lawyer Strong: What the Legal Profession Can Learn from the Army's Experience Cultivating a Culture of Resilience.* 自主出版的电子书。

19. Tait D. Shanafelt 等 (2015). *Impact of Organizational Leadership on Physician Burnout and Satisfaction.* 90(4) Mayo Clinic Proceedings 432-440.

20. *Supra* note 1 at 109. 此外，通过各种内部研究和倡议，"倾听—行动—发展"模式的各个组成部分会持续得到完善。

21. *Supra* note 14.

第三章

1. Rachel L. Narel, Therese Yaeger, & Peter F. Sorensen.Jr. (2019). Exploring Agile and Thriving Teams in Continuous Change Environments, 收录于：*Research in Organizational Change and Development* (Abraham B.

[Rami] Shani & Debra A. Noumair 编著). Volume 27, 187-211. United Kingdom: Emerald.

2. 采访记录：Alyssa Brennan, March 25, 2020.

3. 专题演讲：Prof. Scott A. Westfahl, March 9, 2020.

4. Kirsten Weir (2018). *What Makes Teams Work?* 49(8) Monitor on Psychology 46-54.

5. Amy C. Edmondson (2012). *Teaming: How Organizations Learn, Innovate, and Compete in the Knowledge Economy* 27. San Francisco: Jossey Bass.

6. 此书总结了所有关于高绩效团队和幸福感的研究：Cynthia D. Smith 等 (2018). *Implementing Optimal Team-Based Care to Reduce Clinician Burnout*. Discussion Paper, National Academy of Medicine, Washington, DC.

7. Annalena Welp & Tanja Manser (2016). *Integrating Teamwork, Clinician Occupational Well-Being and Patient Safety - Development of a Conceptual Framework Based on a Systematic Review*. 16(1) BMC Health Services Research 281.

8. Rachel Willard-Grace 等 (2014). *Team Structure and Culture Are Associated with Lower Burnout in Primary Care*. 27(2) Journal of the American Board of Family Medicine 229-238. Richard W. Dehn 等 (2015). *Commentaries on Health Services Research*. 28(6) Journal of the American Board of Family Medicine 1-3.

9. Arla L. Day 等 (2009). *Workplace Risks and Stressors as Predictors of Burnout: The Moderating Impact of Job Control and Team Efficacy*. 26 Canadian Journal of Administrative Sciences 7-22.

10. Stefan Razinskas & Martin Hoegl (2020). *A Multilevel Review of Stressor Research in Teams*. 41 Journal of Organizational Behavior 185-209.

11. 同上，196。

12. Dragan Mijakoski 等 (2015). *Differences in Burnout, Work Demands*

and Team Work Between Croatian and Macedonian Hospital Nurses. 19(3) Cognition, Brain, Behavior. An Interdisciplinary Journal 179-200.

13. Somava Stout 等(2017). *Developing High-Functioning Teams: Factors Associated with Operating as a "Real Team" and Implications for Patient-Centered Medical Home Development.* 54 Journal of Health Care, Organization, Provision and Financing 1-9.

14. Pascale M. LeBlanc 等 (2007). *Take Care! The Evaluation of a Team-Based Burnout Intervention Program for Oncology Care Providers.* 92(1) Journal of Applied Psychology 213-227.

15. David M. Fisher, Jennifer M. Ragsdale, & Emily C. S. Fisher (2019). *The Importance of Definitional and Temporal Issues in the Study of Resilience.* 68(4) Applied Psychology: An International Review 583-620.

16. 同上。

17. George M. Alliger, Christopher P. Cerasoli, Scott I. Tannenbaum, & William B. Vessey (2015). *Team Resilience: How Teams Flourish Under Pressure.* 44 Organizational Dynamics 176-184.

18. Christine Porath, Gretchen Spreitzer, Cristina Gibson, & Flannery G. Garnett (2012). *Thriving at Work: Toward Its Measurement, Construct Validation, and Theoretical Refinement.* 33 Journal of Organizational Behavior 250-275.

19. *Supra* note 1 at 188.

20. 同上, 194。

21. 同上, 204。

22. Anne-Kathrin Kleine, Cort W. Randolph, & Hannes Zacher (2019). *Thriving at Work: A Meta-Analysis.* 40 Journal of Organizational Behavior 973-999, 展示了明显的负相关现象, 53.

23. *Supra* note 18 at 250-251, 263.

24. 以下列表为我在工作时会结合的资源：Paul B.C. Morgan, David

尾注

Fletcher, & Mustafa Sarkar (2019). *Developing Team Resilience: A Season-Long Study of Psychosocial Enablers and Strategies in a High-Level Sports Team.* 45 Psychology of Sport & Exercise 1-11; Patricia Lopes Costa 等 (2017). *Interactions in Engaged Work Teams: A Qualitative Study.* 23(5/6) Team Performance Management: An International Journal 206-226; Christina N. Lacerenza, Shannon L. Marlow, Scott I. Tannenbaum, & Eduardo Salas (2018). *Team Development Interventions: Evidence-Based Approaches for Improving Teamwork.* 73(4) American Psychologist 517-531; Eduardo Salas, Stephanie Zajac, & Shannon L. Marlow (2018). *Transforming Health Care One Team at a Time: Ten Observations and the Trail Ahead.* 43(3) Group & Organizational Management 357-381; Lea Waters 等 (2020). *Does Team Psychological Capital Predict Team Outcomes at Work?* 10(1) International Journal of Wellbeing 1-25; Isabella Meneghel, Isabel M. Martinez, & Marisa Salanova (2016). *Job-Related Antecedents of Team Resilience and Improved Team Performance.* 45(3) Personnel Review 505-522; Patricia Costa, Ana Margarida Passos, & Arnold Bakker (2014). *Empirical Validation of the Team Work Engagement Construct.* 13(1) Journal of Personnel Psychology 34-45; Bradley J. West, Jaime L. Patera, & Melissa K. Carsten (2009). *Team Level Positivity: Investigating Positive Psychological Capacities and Team Level Outcomes.* 30 Journal of Organizational Behavior 249-267; Janet McCray, Adam Palmer, & Nik Chmiel (2016). *Building Resilience in Health and Social Care Teams.* 45(6) Personnel Review 1132-1155; Perry E. Geue (2017). *Positive Practices in the Workplace: Impact on Team Climate, Work Engagement and Task Performance.* 10(1) Emerging Leadership Journeys 70-99.

25. Stefan Razinskas & Martin Hoegl (2020). *A Multilevel Review of Stressor Research in Teams.* 41 Journal of Organizational Behavior 185-209.

26. *Supra* note 4 at 49-50.

第四章

1. M. Lance Frazier 等 (2017). *Psychological Safety: A Meta-Analytic Review and Extension*. 70(1) Personnel Psychology 113-165.
2. 同上。
3. Charles Duhigg (February 25, 2016). What Google Learned from Its Quest to Build the Perfect Team. *New York Times*. 访问日期 May 9, 2020, 网址：https://www.nytimes.com/2016/02/28/magazine/what-google-learned-from-its-quest-to-build-the-perfect-team.html.
4. 电子邮件：Mary Shen O'Carroll on June 1, 2020.
5. Ingrid M. Nembhard & Amy.C. Edmondson (2012). Psychological Safety: Foundations for Speaking Up, Collaboration, and Experimentation in Organizations, 收录于：*The Oxford Handbook of Positive Organizational Scholarship* (Kim S. Cameron and Gretchen M. Spreitzer, 合编) 490-503. New York: Oxford University Press. 亦参见：Amy.C. Edmondson (2012). *Teaming: How Organizations Learn, Innovate, and Compete in the Knowledge Economy* 139. San Francisco: Jossey-Bass. Amy C. Edmondson (2018). *The Fearless Organization: Creating Psychological Safety in the Workplace for Learning, Innovation, and Growth* 159. Hoboken, NJ: John Wiley & Sons. George M. Alliger, Christopher P. Cerasoli, Scott I. Tannenbaum, & William B. Vessey (2015). *Team Resilience: How Teams Flourish Under Pressure*. 44 Organizational Dynamics 176-184.
6. Abraham Carmeli, Daphna Brueller, & Jane Dutton (2009). *Learning Behaviours in the Workplace: The Role of High-Quality Interpersonal Relationships and Psychological Safety*. 26 Systems Research and Behavioral Science 81-98. 亦参见，同上，498.
7. Edward L. Deci & Richard M. Ryan (2014). The Importance of Universal Psychological Needs for Understanding Motivation in the

Workplace, 收录于: *The Oxford Handbook of Work Engagement, Motivation, and Self-Determination Theory* (Marylène Gagné 编著) 13-32. New York: Oxford University Press.

  8. Edward L. Deci & Richard M. Ryan (2000). *The "What" and "Why" of Goal Pursuits: Human Needs and the Self-Determination of Behavior.* 11(4) Psychological Inquiry 227-268. 亦参见: Maarten Vansteenkiste, Richard M. Ryan, & Bart Soenens (2020). *Basic Psychological Need Theory: Advancements, Critical Themes, and Future Directions.* 44 Motivation and Emotions 1-31.

  9. Donald K. Freeborn (2001). *Satisfaction, Commitment, and Psychological Well-Being Among HMO Physicians.* 174(1) Western Journal of Medicine 13-18.

  10. 根据以下内容略有调整: Jessica Perlo 等 (2017). *IHI Framework for Improving Joy in Work.* 18 IHI White Paper. Cambridge, MA: Institute for Healthcare Improvement.

  11. Marylène Gagné & Maarten Vansteenkiste (2013). Self-Determination Theory's Contribution to Positive Organizational Psychology, 收录于: *Advances in Positive Organizational Psychology* (Arnold B. Bakker 编著) 61-82. United Kingdom: Emerald.

  12. Claude Fernet, Stéphanie Austin, Sarah-Geneviève Trépanier, & Marc Dussault (2013). *How Do Job Characteristics Contribute to Burnout? Exploring the Distinct Mediating Roles of Perceived Autonomy, Competence, & Relatedness.* 22(2) European Journal of Work and Organizational Psychology 123-137. 亦参见: Anja Van den Broeck, Maarten Vansteenkiste, Hans De Witte, & Willy Lens (2008). *Explaining the Relationships Between Job Characteristics, Burnout, and Engagement: The Role of Basic Psychological Need Satisfaction.* 22(3) Work & Stress 277-294.

  13. Anja Van den Broeck, D. Lance Ferris, Chu-Hsiang Chang, &

Christopher C. Rosen (2016). *A Review of Self-Determination Theory's Basic Psychological Needs at Work*. 42(5) Journal of Management 1195-1229.

14. Peter Rouse 等 (2020). *The Interplay Between Psychological Need Satisfaction and Psychological Need Frustration Within a Work Context: A Variable and Person-Oriented Approach*. 44 Motivation and Emotion 175-189.

15. *Supra* note 11 at 69. 亦参见：Reed W. Larson, Carolyn Orson, & Jill R. Bowers (2017). Positive Youth Development: How Intrinsic Motivation Amplifies Adolescents' Social-Emotional Learning in Scientific Advances，收录于：*Positive Psychology* (Meg A. Warren and Stewart I. Donaldson 合编) 165-194. Santa Barbara, CA: Praeger.

16. Gretchen M. Spreitzer & Christine Porath (2014). Self-Determination as a Nutriment for Thriving: Building an Integrative Model of Human Growth at Work，收录于：*The Oxford Handbook of Work Engagement, Motivation, and Self-Determination* (Marylène Gagné 编著) 245-258. New York: Oxford University Press. 亦参见：Gretchen M. Spreitzer & Christine Porath (2014). Enabling Thriving at Work，收录于：*How to Be a Positive Leader* (Jane E. Dutton and Gretchen M. Spreitzer 合编) 45-54. San Francisco: Berrett-Koehler.

17. Bruce Tulgan (1999). *FAST Feedback,* 第二版. Amherst, MA: HRD.

第五章

1. Nicholas Epley & Juliana Schroeder (2014). *Mistakenly Seeking Solitude*. 143(5) Journal of Experimental Psychology: General 1980-1999.

2. Roy F. Baumeister & Mark R. Leary (1995). *The Need to Belong: Desire for Interpersonal Attachments as a Fundamental Human Motivation*. 117(3) Psychological Bulletin 497-529. 亦参见：Edward L. Deci & Richard M. Ryan (2000). *The "What" and "Why" of Goal Pursuits: Human Needs and*

the Self-Determination of Behavior. 11 Psychological Inquiry 227-268.

3. Claude Fernet, Olivier Torres, Stéphanie Austin, & Josée St-Pierre (2016). *The Psychological Costs of Owning and Managing and SME: Linking Job Stressors, Occupational Loneliness, Entrepreneurial Orientation, and Burnout*. 3 Burnout Research 45-53. 亦参见：Eamonn Rogers, Andrea N. Polonijo, & Richard M. Carpiano (2016). *Getting By with a Little Help from Friends and Colleagues: Testing How Residents' Social Support Networks Affect Loneliness and Burnout*. 62 Canadian Family Physician 677-683; Emma Seppala and Marissa King (June 29, 2017). Burnout at Work Isn't Just About Exhaustion: It's Also About Loneliness. *Harvard Business Review*. 访问日期：May 17, 2020, 网址：https://hbr.org/2017/06/burnout-at-work-isnt-just-about-exhaustion-its-also-about-loneliness.

4. Wendell David Cockshaw, Ian M. Shochet, & Patricia L. Obst (2014). *Depression and Belongingness in General and Workplace Contexts: A Cross-Lagged Longitudinal Investigation*. 33(5) Journal of Social and Clinical Psychology 448-462.

5. Shawn Achor, Gabriella Rosen Kellerman, Andrew Reece, & Alexi Robichaux (March 19, 2018). America's Loneliest Workers, According to Research. *Harvard Business Review*. 访问日期：May 20, 2020, 网址：https://hbr.org/2018/03/americas-loneliest-workers-according-to-research.

6. Hakan Ozcelik & Sigal Barsade (2011). *Work Loneliness and Employee Performance*. 1 Academy of Management Proceedings.

7. 同上。

8. John T. Cacioppo & William Patrick (2008). *Loneliness* 228-244. New York: Norton.

9. Claude Fernet, Stéphanie Austin, Sarah-Geneviève Trépanier, & Marc Dussault (2013). *How Do Job Characteristics Contribute to Burnout? Exploring the Distinct Mediating Roles of Perceived Autonomy, Competence,*

& *Relatedness*. 22(2) European Journal of Work and Organizational Psychology 123-137.

10. Ingrid M. Nembhard & Amy C. Edmondson (2012). Psychological Safety: Foundations for Speaking Up, Collaboration, and Experimentation in Organizations，收录于：*The Oxford Handbook of Positive Organizational Scholarship* (Kim S. Cameron and Gretchen M. Spreitzer, 合编) 490-503. New York: Oxford University Press.

11. Mark Mortensen (2015). Leading Teams of Lawyers in an Increasingly Global and Virtual World，收录于：*Leadership for Lawyers* (Rebecca Normand-Hochman & Heidi K. Gardner, 合编) 35-47. London: Global Law and Business. 亦参见：Ana-Cristina Costa, C.A. Fulmer, & Neil Anderson (2018). *Trust in Work Teams: An Integrative Review, Multilevel Model, and Future Directions*. 39(2) Journal of Organizational Behavior 169-184.

12. Harry T. Reis 等 (2010). *Are You Happy for Me? How Sharing Positive Events with Others Provides Personal and Interpersonal Benefits*. 99(2) Journal of Personality and Social Psychology 311-329.

13. 同上，321-322。

14. Shelly L. Gable & Harry T. Reis (2010). *Good News! Capitalizing on Positive Events in an Interpersonal Context*. 42 Advances in Experimental Social Psychology 195-257. 亦参见：Shelly L. Gable, Gian C. Gonzaga, & Amy Strachman (2006). *Will You Be There for Me When Things Go Right? Supportive Responses to Positive Event Disclosures*. 91(5) Journal of Personality and Social Psychology 904-917. Shelly L. Gable & Courtney L. Gosnell (2011). *The Positive Side of Close Relationships in Designing Positive Psychology* (Kennon M. Sheldon, Todd B. Kashdan, & Michael F. Steger 合编) 265-279. New York: Oxford University Press.

16. "快乐翻倍机"（Joy Multiplier）和"快乐打折器"（Joy Thief）这两个短语是由凯伦·莱维奇博士（Dr. Karen Reivich）创造的。这两个短语成为宾夕法尼亚大学团队对美国陆军人员进行这项技能指导的一部分，后来又成为美国陆军军人和家庭综合健康项目的一部分。

15. 这是我将自己在宾夕法尼亚大学学到的障碍清单以及我在研讨会上被问到的其他障碍内容的结合体。

17. Jingqiu Chen, Peter A. Bamberger, Yifan Song, & Dana R. Vashdi (2018). *The Effects of Team Reflexivity on Psychological Well-Being in Manufacturing Teams*. 103(4) Journal of Applied Psychology 443-462. 亦参见：Christina N. Lacerenza, Shannon L. Marlow, Scott I. Tannenbaum, & Eduardo Salas (2018). *Team Development Interventions: Evidence-Based Approaches for Improving Teamwork*. 73(4) American Psychologist 517-531.

18. 同上。Chen 等，455-456。

19. Anton J. Villado & Winfred Arthur Jr. (2013). *The Comparative Effect of Subjective and Objective After-Action Reviews on Team Performance on a Complex Task*. 98(3) Journal of Applied Psychology 514-528.

20. 我是在宾夕法尼亚大学与美国陆军教官们一起工作的时候，第一次了解到这种交流模式的。这个模式的基础来自：Sharon Anthony Bower & Gordon H. Bower (2004). *Asserting Yourself: A Practical Guide for Positive Change*. New York: De Capo Press.

第六章

1. Michael F. Steger & Bryan J. Dik (2010). Work as Meaning: Individual and Organizational Benefits of Engaging Meaningful Work，收录于 *Oxford Handbook of Positive Psychology and Work* (P. Alex Linley, Susan Harrington, & Nicola Garcea 合编) 131-142. New York: Oxford University Press.

2. Blake A. Allan, Ryan D. Dufy, & Brian Collisson (2018). *Helping Others Increases Meaningful Work: Evidence from Three Experiments*. 65(2)

Journal of Counseling Psychology 155-165.

3. 同上。

4. Dariusz Krok (2016). *Can Meaning Buffer Work Pressure? An Exploratory Study on Styles of Meaning in Life and Burnout in Firefighters.* 1 Archives of Psychiatry and Psychotherapy 31-42.

5. *Supra* note 2。对于那些科学爱好者来说，有意义的工作和内在动机之间的相关性达到了 83%！

6. Marylène Gagné 等 (2015). *The Multidimensional Work Motivation Scale: Validation Evidence in Seven Languages and Nine Countries.* 24(2) European Journal of Work and Organizational Psychology 178-196.

7. C. Scott Rigby & Richard M. Ryan (2018). *Self-Determination Theory in Human Resource Development: New Directions and Practical Considerations.* 20(2) Advances in Developing Human Resources 133-147.

8. Gavin R. Slemp, Margaret L. Kern, Kent J. Patrick, & Richard M. Ryan (2018). *Leader Autonomy Support in the Workplace: A Meta-Analytic Review.* 42 Motivation and Emotion 706-724.

9. Yu-Lan Su & Johnmarshall Reeve (2011). *A Meta-Analysis of the Effectiveness of Intervention Programs Designed to Support Autonomy.* 23 Educational Psychology Review 159-188. 亦参见: Johnmarshall Reeve (2015). *Giving and Summoning Autonomy Support in Hierarchical Relationships.* 9(8) Social and Personality Psychology Compass 406-418. Patricia L. Hardre & Johnmarshall Reeve (2009). *Training Corporate Managers to Adopt a More Autonomy-Supportive Motivating Style Toward Employees: An Intervention Study.* 13(3) International Journal of Training and Development 165-184.

10. *Supra* note 8. 亦参见: Dan N. Stone, Edward L. Deci, & Richard M. Ryan (2009). *Beyond Talk: Creating Autonomous Motivation Through Self-Determination Theory.* 34(3) Journal of General Management 75-91.

11. Marcia Reynolds (2020). *Coach the Person Not the Problem: A*

Guide to Using Reflective Inquiry 113. San Francisco: Berrett-Koehler.

12. Tait D. Shanafelt 等 (2009). *Career Fit and Burnout Among Academic Faculty*. 169(10) JAMA Internal Medicine 990-995.

13. Rob Baker (2020). *Personalization at Work: How HR Can Use Job Crafting to Drive Performance, Engagement and Wellbeing* 145. New York: Kogen Page.

14. Frank Martela, Richard M. Ryan, & Michael F. Steger (2018). *Meaningfulness as Satisfaction of Autonomy, Competence, Relatedness, and Beneficence: Comparing the Four Satisfactions and Positive Affect as Predictors of Meaning in Life*. 19 Journal of Happiness Studies 1261-1282.

15. *Supra* note 2.

16. 电话采访哈佛商学院教授乔恩·亚希莫维奇，他本人正是与这些护士一起工作的研究小组的成员，May 28, 2020。亦参见：Darshan Patel (March.22, 2018). *It's Not All About Pay: Helping Nurses Sustain Their Passion Through Timely Feedback*. 访问日期：June 4, 2020, 网址：https://www.health.org.uk/blogs/it's-not-all-about-pay-helping-nurses-sustain-their-passion-through-timely-feedback.

17. Adam M. Grant 等 (2007). *Impact and the Art of Motivation Maintenance: The Effects of Contact with Beneficiaries on Persistence Behavior*. 103(1) Organizational Behavior and Human Decision Processes 53-67.

18. Yehonatan Turner, Shuli Silberman, Sandor Jofe, & Irith Hadas-Halpern (2008). *The Effect of Adding a Patient's Photograph to the Radiographic Examination*. Annual Meeting of the Radiological Society of North America. 亦参见：Adam Grant (2013). *Give and Take* 166. New York: Viking(中文译本：《沃顿商学院最受欢迎的成功课》，中信出版集团，2015 年，王非译）。

19. Adam M. Grant (2014). Outsource Inspiration，收录于：*How to Be*

a Positive Leader (Jane.E. Dutton and Gretchen M. Spreitzer 合编) 22-31. San Francisco: Berrett-Koehler.

20. 在以下精彩书籍中，作者写到了超越自我的目标：Dr. Kelly McGonigal, *The Upside of Stress* (2015) 143-151. New York: Avery(中文译本：《自控力：和压力做朋友》，北京联合出版公司，2016年，王鹏程译)。

第七章

1. Alia J. Crum, William R. Corbin, Kelly D. Brownell, & Peter Salovey (2011). *Mind over Milkshakes: Mindsets, Not Just Nutrients, Determine Ghrelin Response.* 30(4) Health Psychology 424-429.

2. Alia J. Crum, Peter Salovey, & Shawn Achor (2013). *Rethinking Stress: The Role of Mindsets in Determining the Stress Response.* 104(4) Journal of Personality and Social Psychology 716-733.

3. Gerald F. Goodwin, Nikki Blacksmith, & Meredith R. Coats (2018). *The Science of Teams in the Military: Contributions from Over 60 Years of Research.* 73(4) American Psychologist 322-333.

4. 虽然我会在下面特别提到某些研究，但本节阐述的研究主要来自阿尔伯特·班杜拉博士（Dr. Albert Bandura）。若进一步了解效能的类型和其中的细微差别，可参阅：Albert Bandura (1997). *The Exercise of Control.* New York: Freeman.

5. Kotaro Shoji 等 (2015). *Associations Between Job Burnout and Self-Efficacy: A Meta-Analysis.* 29(4) Anxiety, Stress, & Coping 367-386. 亦参见：Mercedes Ventura, Marisa Salanova, & Susan Llorens (2015). *Professional Self-Efficacy as a Predictor of Burnout and Engagement: The Role of Challenge and Hindrance Demands.* 149(3) Journal of Psychology 277-302.

6. Albert Bandura (2000). *Exercise of Human Agency Through*

Collective Efficacy. 9(3) Current Directions in Psychological Science 75-78.

7. 同上, 76。亦参见: Bradley J. West, Jaime L. Patera, & Melissa K. Carsten (2009). *Team Level Positivity: Investigating Positive Psychological Capacities and Team Level Outcomes*. Maria Vera, Alma M. Rodriguez-Sanchez, & Marisa Salanova (2017). *May the Force Be with You: Looking for Resources That Build Team Resilience*. 32(2) Journal of Workplace Behavioral Health 119-138.

8. Arla L. Day 等 (2009). *Workplace Risks and Stressors as Predictors of Burnout: The Moderating Impact of Job Control and Team Efficacy*. 26 Canadian Journal of Administrative Sciences 7-22.

9. Paul B.C. Morgan, David Fletcher, & Mustafa Sarkar (2013). *Defining and Characterizing Team Resilience in Elite Sport*. 14 Psychology of Sport and Exercise 549-559.

10. *Supra* note 6. 亦参见: Daniel F. Gucciardi 等 (2018). *The Emergence of Team Resilience: A Multilevel Conceptual Model of Facilitating Factors*. 91 Journal of Occupational and Organizational Psychology 729-768. Roger D. Goddard & Serena J. Salloum (2012). Collective Efficacy Beliefs, Organizational Excellence, & Leadership, 收录于 The Oxford Handbook of Positive Organizational Scholarship (Kim S. Cameron & Gretchen M. Spreitzer 合编) 642-650. New York: Oxford University Press.

11. Albert Bandura (2009). Cultivate Self-Efficacy for Personal and Organizational Efectiveness, 收录于: *Handbook of Principles of Organizational Behavior*, 第二版 (Edwin A. Locke 编著) 179-200. UK: John Wiley & Sons.

12. 我是从凯伦·赖维奇博士那里首次了解到这些触发因素的，最初是在宾夕法尼亚大学的实用正向心理学项目上，后来是在美国军队的复原力训练工作中。

13. S. Joyce 等 (2016). *Workplace Interventions for Common Mental Disorders: A Systematic Meta-Review*. 46 Psychological Medicine 683-697.

亦参见：Karen Reivich, Martin E.P. Seligman, & Sharon McBride (2011). *Master Resilience Training in the U.S. Army*. 66(1) American Psychologist 25-34.

14. 这个模型的想法和概念来自于：Dr. Martin E.P. Seligman, Dr. Judith. S. Beck, and Dr. Alia Crum. 特别参见：So-Hyeon Shim, Alia J. Crum, & Adam Galinsky. The Grace of Control: How a Can-Control Mindset Increases Well-Being, Health & Performance. 2016 *in submission*.

15. 本节关于效能和研究思路的解释来自：Judith S. Beck (2011). *Cognitive Behavior Therapy Basics & Beyond,* 第二版, 172. New York: Guilford Press; and in Karen Reivich & Andrew Shatté(2002). *The Resilience Factor* 168-185. New York: Broadway Books. 这项工作的基础源于：Dr. Albert Ellis and Dr. Aaron T. Beck.

第八章

1. 与米歇尔·费根医生的电话交流，2020 年 5 月 27 日，以及随后的电子邮件往来，特别是以下日期的邮件：2020 年 6 月 24 日。

2. 与克里斯汀·里兹卡拉的电话交流：September 15, 2020。

3. Tait D. Shanafelt 等 (2020). *Association of Burnout, Professional Fulfillment, and Self-Care Practices of Physician Leaders with Their Independently Rated Leadership Effectiveness*. 3(6) JAMA Network Open. https://doi.org/10.1001/jamanetworkopen.2020.7961.

4. Tait D. Shanafelt 等 (2015). *Impact of Organizational Leadership on Physician Burnout & Satisfaction*. 90(4) Mayo Clinic Proceedings 432-440.

5. Paula Davis-Laack & Scott Westfahl (June 15, 2019). Five Things That Resilient Teams Do Diferently. *Fast Company*. https://www.fastcompany.com/90364553/5-things-that-resilient-teams-do-diferently.

6. Heidi K. Gardner (July 20, 2015). Juggling the Producer-Manager

Roles. *Professional Collaborations* blog. 访问日期：November 22, 2020, 网址：https://professionalcollaborations.wordpress.com/2015/07/20/juggling-the-producer-manager-roles/.

7. Arnold B. Bakker, Hetty van Emmerik, & Martin D. Euwema (2006). *Crossover of Burnout and Engagement in Work Teams.* 33(4) Work and Occupation 464-489.

8. Emily D. Dolan 等 (2014). *Using a Single Item to Measure Burnout in Primary Care Staff: A Psychometric Evaluation.* 30(5) Journal of General Internal Medicine 582-587.

9. Sigal G. Barsade (2002). *The Ripple Effect: Emotional Contagion and Its Influence on Group Behavior.* 47 Administrative Science Quarterly 644-675.

10. Roy F. Baumeister, Ellen Bratslavsky, Catrin Finkenauer, & Kathleen D. Vohs (2001). *Bad Is Stronger Than Good.* 5(4) Review of General Psychology 323-370.

11. Ed Diener, Stuti Thapa, & Louis Tay (2020). *Positive Emotions at Work.* 7 Annual Review of Organizational Psychology and Organizational Behavior 451-477. 要全面了解积极情绪的话题，请参阅：Barbara L. Fredrickson (2013). *Positive Emotions Broaden and Build.* 47 Advances in Experimental Social Psychology 1-53.

12. Isabella Meneghel, Marisa Salanova, & Isabel M. Martinez (2016). *Feeling Good Makes Us Stronger: How Team Resilience Mediates the Effect of Positive Emotions on Team Performance.* 17 Journal of Happiness Studies 239-255.

13. 本节提到的理念来自以下特雷莎·M. 阿马比尔（Teresa M. Amabile）、史蒂文·J. 克雷默（Steven J. Kramer）及其同事们的研究。我使用了他们的下述资源：Teresa M. Amabile & Steven J. Kramer (May 2011). The Power of Small Wins. *Harvard Business Review.* Teresa Amabile

& Steven Kramer (2011). *The Progress Principle: Using Small Wins to Ignite Joy, Engagement, and Creativity at Work*. Boston: Harvard Business Review Press.

14. 本节中关于"冰山"的理论来自：Karen Reivich & Andrew Shatté (2002). *The Resilience Factor* 123-144. New York: Broadway Books.

15. 这些主题在我的研讨会和训练对话中反复出现；不过，我十分欣赏这些主题在以下文章中的提炼过程：Dimitrios Tsatiris (November29, 2020). 5 Anxiety-Provoking Habits Among High Achievers. *Psychology Today*. https://www.psychologytoday.com/us/blog/anxiety-in-high-achievers/202011/5-anxiety-provoking-habits-among-high-achievers.

第九章

1. Ben J. Searle (2017). How Work Design Can Enhance or Erode Employee Resilience，收录于：*Managing For Resilience* (Monique F. Crane 编著) 103-116. New York: Routledge. 亦参见：Marylène Gagné & Alexandra Panaccio (2014). *The Motivational Power of Job Design in The Oxford Handbook of Work Engagement, Motivation, and Self-Determination Theory* (Marylène Gagné 编著) 165-180. New York: Oxford University Press.

2. Maria Tims & Arnold B. Bakker (2014). Job Design and Employee Engagement，收录于：*Employee Engagement in Theory and Practice* (Catherine Truss, Rick Delbridge, Kerstin Alfes, Amanda Shantz, & Emma Soane 合编) 131-148. New York: Routledge.

3. Tino Lesener, Burkhard Gusy, Anna Jochmann, & Christine Wolter (2020). *The Drivers of Work Engagement: A Meta-Analytic Review of Longitudinal Evidence*. 34(3) Work & Stress 259-278.

4. George M. Alliger, Christopher P. Cerasoli, Scott I. Tannenbaum,

& William B. Vessey (2015). *Team Resilience: How Teams Flourish Under Pressure*. 44 Organizational Dynamics 176-184.

5. 马歇尔·甘兹（Marshall Ganz）开发了一套完整的方法，可以利用故事来推动变革，称之为公共叙事（public narrative）。这是一个很好的资源。你可以从哈佛大学了解更多相关内容：https://dash.harvard.edu/bitstream/handle/1/30760283/Public-Narrative-Worksheet-Fall-2013.pdf.

6. Arnold B. Bakker 等 (2007). *Job Resources Boost Work Engagement, Particularly When Job Demands Are High*. 99 Journal of Educational Psychology 274-284.

7. Judith S. Beck (2011). *Cognitive Behavioral Therapy: The Basics and Beyond*, 第二版. New York: Guilford Press. 凯伦·赖维奇医生在《健康》杂志发表的文章中也有所涉及。

8. 有许多提供优势评估的平台，但我最喜欢的是行动价值（VIA）平台的性格优势评估。你可以在这里免费下载：https://www.viacharacter.org。

9. David L. Cooperrider, Diana Whitney, & Jacqueline M. Stavros (2008). *Appreciative Inquiry Handbook for Leaders of Change*, 第二版. Brunswick, OH: Crown Custom.

10. 同上，177。

11. 根据以下内容改编：Michelle McQuaid (2020). *Can A Question Change Your Life? The Art of Appreciative Inquiry*. The Change Lab.

12. Bill Burnett & Dave Evans (2017). *Designing Your Life: How to Build a Well-Lived, Joyful Life*. New York: Knopf（中文译本：《斯坦福大学人生设计课》，中信出版集团，2017 年，周芳芳）。要了解更多关于我如何应用设计思维原则和心态，在结束法律从业生涯后，改变职业生涯的细节，参见：Paula Davis-Laack (October 16, 2017). I Used Design Thinking to Reinvent My Career-Here Is Why It Worked. *Fast Company*. 访问日期：July 3, 2020, 网址：https://www.fastcompany.com/40481175/i-used-design-

thinking-to-reinvent-my-career-heres-why-it-worked.

13. 斯坦福大学设计学院有一个短短两页的课程计划，你可以从这里下载：https://dschool.stanford.edu/resources/spaghetti-marshmallow-challenge. 也可以参见汤姆·武耶茨（Tom Wujec）的 TED 演讲中关于意大利面条挑战的历史，首次提出这一挑战的是：Peter Skillman，网址：https://www.ted.com/talks/tom_wujec_build_a_tower_build_a_team/transcript?language=en.

14. "谦卑的好奇心"这一短语最早出自我的朋友兼同事：Caitlin "Cat" Moon。

15. Todd B. Kashdan, Ryne A. Sherman, Jessica Yarbro, & David C. Funder (2013). *How Are Curious People Viewed and How Do They Behave in Social Situations? From the Perspectives of Self, Friends, Parents, and Unacquainted Observers*. 81(2) Journal of Personality 142-154.

16. Edward L. Deci & Richard M. Ryan (2014). The Importance of Universal Psychological Needs for Understanding Motivation in the Workplace, 收录于：*The Oxford Handbook of Work Engagement, Motivation, and Self-Determination Theory*（Marylène Gagné 编著）13-32. New York: Oxford University Press. 亦参见：Gavin R. Slemp, Margaret L. Kern, Kent J. Patrick, & Richard M. Ryan (2018). *Leader Autonomy Support in the Workplace: A Meta-Analytic Review*. 42.Motivation and Emotion 706-724.

结语

克服职业倦怠需要从面向个人层面的方法转变为面向系统的、整体性的工具和框架。利用这些工具和框架，你可以打造一个具有复原力的积极进取的团队。为了帮助你做到这一点，我在书中介绍了20多个有科学依据的策略，以及一些起步建议。你的目标是从一些特定的技能开始，然后根据团队的需要和目标持续推进下去。

辅导一些组织机构时，我喜欢遵循以下流程：（1）评估团队成员职业倦怠的比例和造成职业倦怠的原因，并让团队成员填写我的"团队复原力盘点清单"；（2）培训团队领导者和员工（一起培训或单独培训），让他们了解有关职业倦怠和复原力的基础知识以及一些策略，让团队使用共同的语言交流；（3）对于那些有兴趣发展更多技能的领导者和团队成员，或者希望与我谈论特定的压力源或挑战的人，我会在研讨会后对他们进行单独辅导。辅导是整个过程中很重要的一部分，我发现它可以真正地改变一个人。

表1中列出了我建议的每个团队在开始时需要培养的技能。

表 1　下一步：从这里开始

个人	团队	领导者
提高自我效能。 （第七章）	养成及时复盘的习惯；团队成员一起讨论如何完成工作。 （第五章）	回顾并检查与心理安全相关的行为，必要时进行调整。 （第四章）
找出削弱你的精神力量的常见因素；减少杯弓蛇影式思维。 （第七章）	团队成员一起讨论你们需要发展的技能，并在实践中提高团队的效能。 （第七章）	对团队成员进行自主权测试。 （第四章）
了解你的"冰山"（内心法则）。 （第八章）	制定一个超越团队的目标。 （第六章）	对照领导者的5个关键做法，确定你需要改进的地方。 （第八章）
提高你积极地、建设性地回应的能力，弄清你的回应模式。 （第五章）	你需要对你的团队文化做出调整吗？你可以从欣赏式探询做起。 （第九章）	对照鼓励支持型的领导力风格，并根据需要进行调整。 （第六章）

　　结束律师生涯时，我正处于崩溃的边缘。我已经完全失去了自我，不确定是否能找到回去的路。我感到恶心、愤世嫉俗，与那些想要帮助和支持我的人失去了联系。其实事情完全不必发展到这个地步。保持灵活性、尊重、透明、反馈、专业上的发展机会和认可都是一些简单的事情，是每个领导者和组织机构都可以优先做到的事情。这些事情可以提高员工对企业的忠诚度，获得工作上的动力，并有助于缓解人们感受到的压力。

　　职业倦怠是一个大问题，但我们可以做一些事情去克服它。让我们从这里开始吧。

致谢

> 只有当我们的心意识到自己拥有的财富时,我们才能说自己是活着的。
>
> ——桑顿·怀尔德(Thornton Wilder)

写书既艰难又压力重重,十分有趣,但真的压力重重!我由衷感谢使这本书得以面世的每一个人。

我知道筋疲力尽是什么感觉,多年前,要讲出自己的故事,对我而言并不容易。我非常感谢所有与我分享他们故事的人(包括陌生人和我的客户),这让我更有机会帮助别人了解职业倦怠是什么感觉。如果没有你们的智慧,那么这本书很可能不会存在。

我有最优秀的客户。我与众多杰出的组织、领导人、律师、医务工作者和职场人士一起工作,这些人日复一日地致力于改善他人的生活。能够帮助你们推进自己的事业是我的荣幸,我从你们身上学到了很多东西。

我非常感谢《福布斯》(*Forbes*)、《快公司》(*Fast Company*)

和《今日心理学》(Psychology Today)的编辑们,他们给了我一个平台,让我找到自己的声音,完善自我认知,并能公开谈论职业倦怠、工作、压力和复原力。

我有一支卓越的团队!感谢苏珊娜·科斯梅尔、南希·希德、塔莎·伯纳德、拉奎尔·威尔逊、亚历克斯·乐驰、金佰利·伯杰和莎拉·凯尼格让我摆脱了困境,帮助我继续发展业务。特别感谢我的表妹贝蒂娜·范德卢普,她帮我整理了数百份研究报告和杂乱的论文,方便我动笔写作。如果不是你帮我,我到现在还在筛选文件呢!

如果没有沃顿商学院出版社(Wharton School Press)的布雷特·洛吉拉托,就不会有这本书。去年,他给我发了一封电子邮件,说他一直在关注我的工作,同时告诉我沃顿商学院出版社正在考虑出版一本关于职业倦怠的书。他让我提交了一份提案。2019年11月6日,我的提案被接受了。读到这封邮件时,我刚刚在一个会议上发完言,正在听下一个会议。在那一刻,我意识到自己成为一名商业书籍作家的梦想即将实现,激动得不得不苦苦忍住想要大哭的念头。谢谢你,布雷特!此外,我还要感谢沃顿商学院出版社的其他成员,尤其是香农·贝尔宁,是你的指导让写作过程变得如此轻松。我要高度赞扬沃顿商学院出版社,并由衷感激和珍视我们的合作关系。当然,还

致谢

要感谢我的经纪人伊沃·惠特森，是他在多年前给了我一个机会，并一直相信，我撰写的关于职业倦怠的书将在文坛占有一席之地。

罗杰斯先生曾经让听众停下来想一想，自己如何一步一步被他人的爱塑造成如今的模样。我之所以能写出这本书，是因为有那么多人爱我。

我把这本书献给我的祖父戴维斯和他最好的朋友雷。我的祖父从来没有谈论过他在第二次世界大战中的经历；直到最近，我才了解到他故事的一个关键部分：我的祖父并没有被征召，他是自愿入伍参战的。为什么要这样做？因为这样一来，他最好的朋友雷就不用一个人上战场了。如果这不算是友谊和爱的本质，那我不知道什么才是友谊和爱的本质。作为您的孙女，我感到无比自豪。

我与美国陆军的军人、负责军需保障的平民、军人的配偶和家庭成员一起工作的经历，将是我余生中倍感珍惜的经历。我从他们身上学到了牺牲、荣誉、忠诚的意义，以及成为比自己更伟大的事业的一部分的意义。他们中的许多人已经成为我的亲密好友，就像家人一样。一句简单的谢谢永远不足以回报你们冒着生命危险才让我享受到的这个伟大国家的自由和特权，但我还是要对所有和我一起工作过的军人说声谢谢。虽然我知道不可能写全，但我想让全世界知道你们的名字：丹·梅森、内特·金纳德、布伦特·西西里、大卫·帕里什、贾斯汀·丹尼尔斯、劳伦·奥辛斯基、克里斯托弗·波、兰迪·特拉克斯勒、詹妮弗·巴卢、尼基·麦克法兰、比尔·洛金斯、蒂姆·弗洛克、迈克尔·戴维斯、唐娜·巴西、杰伊·诺莱特、约翰尼·斯特里克兰、特蕾莎·金、约翰·古纳、迈克尔·弗洛雷斯、理查德·冈萨雷斯、斯坦·约翰逊、尼克·克莱齐恩、特雷弗·普罗弗洛克、小德里克·尤拉莱斯、肖恩·希斯，小托马斯·E.塔克尔、迈克尔·伯德、亚历山大·托雷斯、特拉维斯·恩斯特姆、奥蒂斯·韦斯特、罗伊·坎图、迈克尔·巴拉德、唐·格兰迪、乔丹·拉尔森、斯科特·吉尔伯特、斯科特·海灵格和基思·艾伦。

如果没有朋友们的爱和支持，那么我不可能顺利走过人生和事业的每一个阶段。是你们握着我的手，倾听我的声音，为我擦干眼泪，与我共舞，赞美我，鼓励我，启发我，并在我需要的时候推动我。谢谢你们，朱莉·米勒、西尔维娅·洛佩兹（也是一名军人）、朱莉·豪特、温迪·奥尔森、金·范-沃里斯·贝尔、特蕾西·斯特肯、珀金斯、莎伦·拉奇、卡特里娜·古斯塔姆·乔凡和约翰·弗科。

还要感谢我的家人，你们的爱和支持一年胜似一年。感谢

致谢

我的妈妈崔西·戴维斯，我的爸爸鲍勃·戴维斯，还有我的哥哥杰夫·戴维斯，你们一直都那么相信我，一直都是。我还要感谢我们这个大家族里的姑姑阿姨、叔叔舅舅以及堂表兄弟姐妹们，感谢你们给我带来的家庭团聚的乐趣，感谢你们在我最需要的时候支持我。送给我亲爱的侄子欧文和我的嫂子科特尼·戴维斯一个大大的拥抱。

汤姆，我要特别感谢你。从第一天起，你就对我的事业和这本书充满信心。写这本书成了我的第二份工作，这意味着我主要在周末写作。你总是问我需要什么才能保证足够的时间和空间写作，而且我知道，露西会得到很好的照顾。如果没有你，我真的做不到这一切。

最后，致我亲爱的女儿露西·苔丝。由于种种原因，我从不认为做母亲会成为我人生旅程的一部分，但谢天谢地，老天自有安排。在这个星球上的几十亿人中，我们竟那样找到了彼此。我由衷感谢上苍让我成为你的妈妈，就像我每晚睡觉前告诉你的那样：在世界上所有的孩子中，我得到了最好的一个。